Introducción: La Creatividad No Es Un Don, Es Una Decisión

"No son las ideas las que cambian el mundo, es el coraje de ejecutarlas."

Aquí estamos. Al borde de algo inmenso, mirando hacia un abismo lleno de posibilidades infinitas. La pregunta no es si tienes lo necesario para saltar, sino si estás dispuesto a hacerlo. Porque este no es un libro más sobre creatividad. No es una guía paso a paso, ni una colección de fórmulas mágicas para hacer campañas publicitarias que funcionen. Si lo que buscas es algo convencional, estás en el lugar equivocado. Pero si estás listo para desafiar todo lo que crees saber sobre la creatividad, prepárate para un viaje que cambiará no solo la forma en que trabajas, sino también la forma en que piensas.

¿Qué significa ser creativo en el siglo XXI? No es solo pintar fuera de las líneas. Es preguntarte constantemente por qué existen esas líneas en primer lugar, y si deberías ignorarlas o quemarlas. La creatividad no es un destello mágico de inspiración, ni está reservada para unos pocos "elegidos". Es una decisión. Una elección consciente de ver el mundo de manera diferente, de desafiar lo establecido y de tener el valor de decir: "¿Qué pasaría si...?".

A lo largo de este libro, vamos a romper cosas. Vamos a deconstruir la forma en que hemos entendido la publicidad, el marketing y el proceso creativo en sí. Vamos a cuestionar todo. ¿Por qué seguir una tendencia cuando puedes empezar una? ¿Por qué repetir lo que ya ha sido hecho, cuando puedes crear algo que nadie haya visto antes? ¿Por qué jugar a lo seguro, cuando lo realmente excitante es el riesgo?

Este libro es para los rebeldes. Para los inconformistas. Para los que saben que la innovación no se encuentra en la zona de confort, sino al otro lado del miedo. Es un libro para aquellos que quieren ver el impacto real de la creatividad en el mundo de los negocios, pero no están dispuestos a sacrificar su visión en el altar de lo "seguro". Aquí aprenderás que las ideas más poderosas no siempre nacen perfectas, pero sí nacen con un propósito: romper moldes, desafiar normas y crear realidades que antes no existían.

Si has llegado hasta aquí, es porque en algún lugar de ti sientes que estás listo para más. Más audacia. Más riesgo. Más impacto. Y lo más importante, más locura. Las ideas locas son las que mueven montañas. Las que cambian paradigmas. Las que nos hacen preguntar: ¿Y si esto no es suficiente? ¿Y si podemos hacerlo de una manera completamente distinta?

Algunos te dirán que la publicidad ha alcanzado su cima, que las grandes ideas ya han sido creadas. No les creas. Las mejores ideas no están en los libros de historia, están en tu cabeza, esperando ser liberadas. Este libro es una invitación para que desates tu potencial creativo, para que te atrevas a ser disruptivo, para que no solo pienses fuera de la caja, sino que la destruyas por completo.

Así que, antes de continuar, respira hondo. Porque lo que sigue no es una lectura cómoda. No es un manual con soluciones rápidas. Es una revolución mental. Te vamos a empujar a romper con todo lo que conoces, a cuestionar tus propias ideas y, finalmente, a crear algo que no solo sorprenda, sino que trascienda.

Este es tu momento. Este es el comienzo de algo extraordinario. No mires atrás.

¿Estás listo?

Índice

1. **El Poder de las Ideas Locas**
   - Introducción al concepto de creatividad disruptiva.
   - Cómo las ideas locas cambian el juego en marketing y publicidad.
   - Estrategias para pensar fuera de los límites convencionales.
   - Quotes e insights de expertos de la industria.
2. **Innovación Creativa en Publicidad**
   - Cómo la innovación impulsa la creatividad.
   - Herramientas y técnicas para desarrollar campañas publicitarias innovadoras.
   - Casos de éxito de campañas disruptivas.
   - La importancia de la experimentación.
3. **Cómo las Grandes Ideas Nacen de Pequeños Detalles**
   - La importancia de los detalles en la creatividad.
   - Técnicas para prestar atención a lo invisible.
   - Casos de estudio de campañas que marcaron la diferencia por los pequeños detalles.

4. **Creatividad en Guerrilla Marketing**
    - Estrategias de guerrilla marketing para sorprender y cautivar.
    - Cómo utilizar el entorno y los recursos limitados para grandes impactos.
    - Ejemplos de campañas icónicas de guerrilla marketing.
5. **Casos de Éxito: Lecciones de Grandes Marcas**
    - Análisis profundo de campañas publicitarias de marcas globales.
    - Qué podemos aprender de los éxitos (y fracasos) de las grandes marcas.
    - Estrategias creativas detrás de las campañas más memorables.
6. **La Psicología Detrás de las Ideas Virales**
    - ¿Qué hace que una idea se vuelva viral?
    - Principios psicológicos que impulsan la viralidad.
    - Herramientas prácticas para crear campañas virales.
    - Casos de éxito y ejemplos de viralidad creativa.
7. **Cómo Medir el Impacto de la Creatividad en los Resultados de Negocio**
    - Herramientas y métricas para medir la efectividad de campañas creativas.

- Cómo vincular la creatividad con el retorno sobre la inversión (ROI).
- Medición cualitativa y cuantitativa de campañas publicitarias.

8. **Innovación en el Marketing Creativo: Tecnologías que Están Transformando la Publicidad**
   - Impacto de la inteligencia artificial, realidad aumentada y big data en la creatividad.
   - Casos de estudio sobre el uso de tecnología en campañas publicitarias.
   - Cómo integrar la tecnología en las estrategias creativas.

9. **El Futuro de la Creatividad en la Publicidad: Tendencias y Proyecciones**
   - Principales tendencias que moldearán el futuro de la publicidad creativa.
   - Cómo las marcas pueden prepararse para el futuro de la innovación publicitaria.
   - Proyecciones sobre cómo evolucionará la creatividad en los próximos años.

10. **Cómo Desarrollar Equipos Creativos de Alto Rendimiento**
    - Estrategias para construir y liderar equipos creativos.
    - Estructuras organizacionales que fomentan la innovación.

- Ejemplos de equipos creativos de alto rendimiento en empresas globales.

11. Conclusión: Rompiendo Moldes, Creando Futuro
- Reflexiones finales sobre la creatividad disruptiva.
- La importancia de tomar riesgos en el proceso creativo.
- Inspiración para llevar las ideas locas a la realidad.
- El futuro de la creatividad está en tus manos.

Capítulo 1: El Poder de las Ideas Locas

Introducción: ¿Qué significa realmente una idea loca?

Cuando hablamos de *ideas locas*, no estamos simplemente refiriéndonos a algo absurdo o extravagante. De hecho, las ideas más locas suelen tener una lógica subyacente que es extremadamente efectiva cuando se comunica de la manera correcta. El concepto de "locura" en el marketing y la publicidad proviene de la capacidad de romper barreras, desafiar lo que parece inamovible y encontrar formas innovadoras de conectar con los consumidores. No se trata de crear el caos por el caos mismo, sino de utilizar la disrupción para crear una experiencia emocional poderosa que trascienda los límites de la publicidad tradicional.

> "El marketing loco es el que hace que la gente diga 'esto no debería funcionar', pero al final funciona porque despierta algo en la audiencia que las campañas tradicionales no logran alcanzar." — **David Droga,** Fundador de Droga5.

Si analizamos las campañas más exitosas de las últimas décadas, nos damos cuenta de que la mayoría de ellas parecían locas al principio. Sin embargo, fue precisamente esa locura lo que las hizo destacar en un mar de mensajes uniformes. La pregunta que debemos hacernos es: *¿por qué las ideas locas resuenan tanto en los consumidores?* ¿Por qué las campañas que parecen romper con las reglas convencionales son las que a menudo logran los mayores impactos?

Para entenderlo, necesitamos profundizar en la psicología del consumidor moderno. Vivimos en un mundo donde la saturación de información es la norma. Según un estudio de **Forbes**, el consumidor promedio está expuesto a entre 4.000 y 10.000 anuncios publicitarios todos los días. ¿Cómo, en medio de esa sobrecarga, puedes hacer que tu mensaje se destaque? Aquí es donde entra en juego la locura. Las ideas locas tienen la capacidad de sorprender, emocionar e inspirar, lo que las convierte en una herramienta poderosa para cualquier marca que quiera romper el ruido.

1.1. La evolución de la locura en el marketing

La locura a lo largo de la historia publicitaria

El concepto de las ideas locas no es algo nuevo. Si nos remontamos a los inicios de la publicidad, encontramos ejemplos de marcas que ya jugaban con lo inesperado. **Claude C. Hopkins**, en los años 1920, revolucionó la industria con una campaña para **Schlitz Beer** que parecía contradecir todas las normas de la época: en lugar de centrarse en el sabor de la cerveza o en los beneficios del producto, se enfocó en el proceso de purificación, detallando cómo el agua que usaban era "al vapor". ¿El resultado? Aunque otras cervecerías usaban el mismo proceso, fue Schlitz la que se adueñó de la narrativa y se disparó al primer lugar en ventas.

Más adelante, en la década de 1960, **David Ogilvy** también desafió las expectativas con su enfoque en la narración detallada y la autenticidad en lugar de los anuncios llamativos. Pero si realmente queremos entender la locura en su máxima expresión, debemos estudiar la era moderna de la publicidad.

Estudio de caso: Skittles y el marketing surrealista En la última década, Skittles ha llevado el marketing loco a un nivel completamente nuevo. Con comerciales que presentan situaciones completamente surrealistas, como un hombre que se convierte en Skittles al ser tocado, o una madre que experimenta los antojos de Skittles de su hijo adulto aún en el útero, la marca ha capturado la atención de los consumidores jóvenes de una manera inesperada y memorable. Pero, ¿qué hace que este tipo de locura funcione?

El marketing de Skittles funciona porque se basa en un principio psicológico crucial: lo extraño es memorable. Nuestro cerebro está diseñado para recordar lo que no encaja en el patrón habitual de lo que esperamos. Cuando algo no tiene sentido a nivel lógico, nos obliga a prestar más atención, intentando comprender lo que estamos viendo. En lugar de rechazar lo extraño, lo internalizamos.

1.2. ¿Qué es lo que realmente hace que una idea loca funcione?

Elementos fundamentales de una idea loca

La locura no es suficiente por sí sola. Para que una idea loca funcione en el mundo del marketing, debe cumplir con ciertos criterios que aseguren que la disrupción tenga un impacto medible y positivo en la audiencia. Estos elementos clave son:

1. **Relevancia emocional**: Las ideas locas captan la atención porque apelan directamente a las emociones humanas.

Las personas recuerdan lo que las hace sentir, ya sea alegría, sorpresa o incluso incomodidad. Las campañas más efectivas juegan con estas emociones y las entrelazan con la propuesta de valor de la marca.

"Las marcas que se destacan no solo venden productos; venden emociones." — **Kevin Roberts,** Ex-CEO de Saatchi & Saatchi.

Ejemplo práctico: Piensa en la campaña de **Dove: Real Beauty**. Aunque no fue "loca" en el sentido tradicional, rompió con las normas de la publicidad al desafiar los estándares de belleza convencionales. La campaña jugó directamente con las emociones de la audiencia, tocando temas de autoaceptación y empoderamiento.

2. **Simplicidad**: La complejidad no es amiga de la locura en el marketing. Las ideas locas que funcionan son las que se pueden entender rápidamente y de manera intuitiva. El cerebro humano es perezoso; si algo es demasiado complicado, lo descartamos rápidamente. Las campañas locas que realmente destacan son aquellas que tienen una premisa simple pero poderosa.

"La simplicidad es la máxima sofisticación." — **Leonardo da Vinci.**

Ejemplo práctico: Piensa en la campaña de **Nike: Just Do It**. Es extremadamente simple en su ejecución, pero desafía a las personas a actuar de inmediato. Aunque la frase es corta, su impacto emocional es profundo, y eso es lo que la ha convertido en un ícono de la publicidad.

3. **Factor sorpresa**: La locura en el marketing depende del elemento sorpresa. Si una campaña es predecible, ya no es loca. La sorpresa no solo capta la atención de las personas, sino que también les da una razón para compartir lo que han visto. La viralidad es a menudo el resultado de campañas que logran sorprender al público de manera efectiva.

   "La sorpresa es la esencia de la creatividad en el marketing." — **Seth Godin,** Autor de "Purple Cow".

4. **Adaptabilidad al medio**: No todas las ideas locas funcionan en todos los canales. Lo que es sorprendente y efectivo en televisión puede no tener el mismo impacto en las redes sociales. Las ideas locas deben ser adaptables, capaces de ajustarse al medio en el que serán difundidas sin perder su esencia.

   Ejemplo práctico: La campaña de **"Whopper Detour" de Burger King** utilizó la tecnología GPS de manera ingeniosa, ofreciendo a los consumidores una Whopper por un centavo si se encontraban cerca de un McDonald's. Esta idea loca funcionó perfectamente en la era de las aplicaciones móviles y las redes sociales, donde la interacción directa con el consumidor es clave.

Insight de la industria:

Un estudio realizado por **Harvard Business Review** mostró que las campañas que incluyen un elemento disruptivo, como un enfoque poco convencional o inesperado, tienen un 20% más de probabilidades de ser recordadas y compartidas por el público en comparación con las campañas más tradicionales. Además, este tipo de disrupción positiva suele llevar a un aumento en el boca a boca, lo que amplifica aún más el alcance de la campaña.

1.3. El miedo a la locura: Por qué las marcas se resisten a las ideas disruptivas

El miedo es el mayor enemigo de la creatividad. En el mundo del marketing, muchas marcas se aferran a lo seguro porque temen que una campaña disruptiva pueda dañar su reputación o, peor aún, alienar a su audiencia. Este temor es comprensible, pero también es lo que impide que muchas marcas alcancen su verdadero potencial.

Caso: El miedo y la resistencia a las ideas locas en la industria automotriz

Un ejemplo clásico de cómo el miedo puede paralizar la creatividad se puede ver en la industria automotriz. Durante décadas, los anuncios de automóviles fueron prácticamente los mismos: se mostraba el coche conduciendo en una carretera vacía, con la voz en off hablando sobre las características técnicas. Era seguro, era efectivo, pero también era aburrido.

En la década de 1990, **Volkswagen** rompió con este patrón con su campaña "Drivers Wanted". En lugar de centrarse en el automóvil en sí, la campaña se enfocó en las emociones de los conductores y las experiencias que podrían tener al volante. Aunque la idea era simple, fue disruptiva porque rompió con décadas de tradición publicitaria en la industria automotriz. Y funcionó: las ventas de Volkswagen aumentaron considerablemente.

1.4. Ejercicios creativos: Cómo entrenar tu mente para generar ideas locas

No es suficiente hablar sobre la importancia de las ideas locas; necesitamos practicarlas. La creatividad es como un músculo: cuanto más lo ejercitas, más fuerte se vuelve. A continuación, te presentamos algunos ejercicios que te ayudarán a desarrollar tu capacidad para generar ideas locas.

Ejercicio 1: Rompe las reglas de tu industria

1. Toma una campaña reciente de tu industria que haya sido exitosa pero tradicional.
2. Haz una lista de todas las "reglas" que siguió la campaña: ¿Cómo se presentó el producto? ¿Cómo se habló al consumidor?
3. Ahora, desafía cada una de esas reglas. Piensa en cómo podrías presentar el mismo producto de una manera completamente diferente, rompiendo con todas las expectativas.
Ejemplo: Si trabajas en la industria de los seguros, en lugar de un anuncio tradicional sobre protección y seguridad, ¿qué tal si creas una campaña cómica que resalte lo caótico que es no tener seguro, utilizando el humor para transmitir un mensaje serio?

Ejercicio 2: Fusiona ideas dispares

1. Elige dos conceptos o industrias completamente diferentes (por ejemplo, alta cocina y música punk).
2. Crea una campaña publicitaria para una marca que combine estos dos elementos de manera inesperada.

Ejemplo: Podrías crear una campaña para un restaurante de alta cocina donde los chefs preparen platillos mientras una banda de punk toca en el fondo. La combinación de la elegancia de la cocina y la energía desenfrenada de la música punk podría generar una experiencia visual y emocional única para la audiencia.

Ejercicio 3: Involucra a la audiencia en la locura

1. Piensa en cómo puedes involucrar a tus consumidores en la creación de tu campaña. Las ideas locas que permiten la participación de la audiencia a menudo generan un mayor nivel de engagement y viralidad.
2. Crea una dinámica donde los consumidores puedan contribuir con sus propias ideas locas y verlas plasmadas en la campaña final.

   Ejemplo: Podrías lanzar un concurso en redes sociales donde pidas a los seguidores que propongan el concepto más loco para un anuncio de tu producto, y luego seleccionar a los ganadores para que vean su idea hecha realidad.

1.5. Conclusión: Las ideas locas son el futuro del marketing

En un mundo donde los consumidores están cada vez más expuestos a mensajes publicitarios, la locura es lo que nos permite destacar. Las marcas que tienen el coraje de arriesgarse y apostar por ideas locas son las que más tienen que ganar, no solo en términos de visibilidad, sino también en términos de conexión emocional con sus audiencias.

Las ideas locas no son simplemente una tendencia; son el futuro del marketing. Mientras que las campañas tradicionales siguen siendo efectivas en ciertos contextos, las marcas que realmente sobresalen son aquellas que se atreven a romper las reglas, desafiar lo convencional y abrazar la locura creativa.

> "El mundo pertenece a quienes se atreven. No a quienes juegan a lo seguro." — **Richard Branson,** Fundador de Virgin.

Capítulo 2: Técnicas para Desbloquear la Creatividad en Equipos

> "La creatividad es el poder de conectar lo aparentemente desconectado." — **William Plomer,** Poeta y novelista.

La creatividad rara vez es un esfuerzo solitario, y en marketing y publicidad, trabajar en equipo es casi una necesidad. Sin embargo, hay una trampa común: la creencia de que la creatividad es espontánea, algo que simplemente "sucede" en un destello de genialidad cuando las mentes adecuadas se encuentran en la misma sala. Aunque esa chispa puede ocurrir ocasionalmente, confiar en la espontaneidad es una estrategia peligrosa, especialmente en entornos donde los resultados son fundamentales. Para desbloquear la creatividad en un equipo, se requiere más que inspiración: se necesita una metodología.

Las técnicas para desbloquear la creatividad en equipos se centran en generar un ambiente de trabajo que permita que las ideas fluyan sin restricciones, pero con la dirección adecuada. Crear ese entorno es un arte en sí mismo, y este capítulo te enseñará cómo convertir un equipo de mentes individuales en una poderosa máquina creativa.

2.1. El arte de crear un ambiente creativo

Antes de sumergirnos en las técnicas específicas, es crucial comprender que la creatividad no prospera en un vacío. Para desbloquear el potencial creativo de un equipo, se debe diseñar un entorno propicio para la innovación. Aquí no solo hablamos de tener espacios físicos cómodos o con decoración atractiva (aunque esto puede ayudar), sino de crear una *cultura* en la que los miembros del equipo se sientan seguros para compartir ideas, colaborar abiertamente y desafiar lo convencional.

La cultura de la seguridad psicológica

La seguridad psicológica es un término que ha cobrado relevancia en los últimos años, y se refiere a la creencia de que uno no será castigado ni humillado por expresar ideas, preguntas, preocupaciones o errores. En los equipos creativos, la seguridad psicológica es la base de todo. Si las personas sienten que pueden ser ridiculizadas por sus ideas, se aferrarán a lo seguro, limitando el potencial creativo.

> "Las personas más creativas no tienen miedo al fracaso. En un entorno donde se valora el riesgo y el error, florecen las ideas más innovadoras." — ***Ed Catmull,*** Cofundador de Pixar Animation Studios.

Caso de estudio: Pixar

Uno de los ejemplos más claros de cómo la seguridad psicológica puede desbloquear la creatividad en equipos es el caso de **Pixar Animation Studios**. En Pixar, cada proyecto atraviesa una fase conocida como "Braintrust", donde un grupo de directores y creativos de la compañía se reúnen para analizar el trabajo en progreso. La clave de estas reuniones es que, aunque las críticas son duras y profundas, nadie se siente atacado personalmente. En lugar de centrarse en los errores o debilidades de una idea, el enfoque está en encontrar soluciones y mejorar el proyecto colectivamente.

La cultura de la seguridad psicológica en Pixar permite que los cineastas tomen riesgos creativos que, de otra manera, podrían no intentar. Es por esta razón que la compañía ha producido tantas películas aclamadas tanto por la crítica como por el público, desde *Toy Story* hasta *Inside Out*.

El espacio físico también importa

Aunque hemos mencionado que la cultura es más importante que el espacio físico, no se debe subestimar el impacto que tiene el entorno en el proceso creativo. Estudios realizados por la Universidad de Cornell han demostrado que los entornos abiertos y flexibles fomentan una mayor colaboración e intercambio de ideas. Las oficinas cerradas o demasiado estructuradas, por el contrario, tienden a limitar la interacción espontánea entre los miembros del equipo.

Ejemplo: Google y los espacios creativos

En Google, las oficinas están diseñadas para estimular la creatividad. Los empleados tienen acceso a zonas de descanso, áreas recreativas y salas de reuniones inusuales, como cabinas telefónicas o salas con temáticas particulares (como la *sala de nubes*). Estas áreas están pensadas para romper con la monotonía y fomentar las conversaciones casuales que, a menudo, son el punto de partida para ideas revolucionarias.

La importancia del liderazgo creativo

El liderazgo en un equipo creativo no es simplemente gestionar proyectos o asegurarse de que se cumplan los plazos. Los líderes de equipos creativos exitosos tienen la capacidad de inspirar, fomentar el pensamiento divergente y, lo que es más importante, crear un ambiente de apoyo donde las ideas fluyan. Este tipo de liderazgo no siempre es fácil de encontrar, ya que implica equilibrar la libertad creativa con la orientación clara hacia los objetivos.

> "Un líder creativo no es alguien que tenga todas las respuestas, sino alguien que hace las preguntas correctas y abre caminos para que otros encuentren las respuestas." — *David Kelley*, Fundador de IDEO.

Caso de estudio: IDEO y el liderazgo centrado en el equipo

IDEO, una de las consultoras de diseño más innovadoras del mundo, ha construido su reputación no solo en base a su capacidad para resolver problemas complejos, sino también en su enfoque radicalmente colaborativo. En IDEO, los líderes no son los que imponen sus ideas; en cambio, actúan como facilitadores del proceso creativo, asegurándose de que todos los miembros del equipo tengan voz en el desarrollo de las soluciones.

2.2. Técnicas para desbloquear la creatividad en grupos

Ahora que hemos establecido el contexto y la importancia de la cultura, el entorno y el liderazgo, es momento de entrar en las técnicas específicas para desbloquear la creatividad en equipos. Estas técnicas no solo fomentan la generación de ideas, sino que también aseguran que las ideas se refinen y evolucionen hasta convertirse en conceptos completos que se puedan ejecutar.

Técnica 1: Brainstorming divergente y convergente

El **brainstorming** es una técnica ampliamente utilizada, pero a menudo mal entendida. En su forma más simple, implica reunir a un grupo de personas para generar tantas ideas como sea posible en torno a un problema o desafío. Sin embargo, uno de los mayores errores que se cometen en este proceso es combinar la generación de ideas con la evaluación de las mismas. Este enfoque mixto tiende a sofocar la creatividad, ya que las personas se sienten presionadas para no proponer ideas que puedan ser criticadas de inmediato.

El brainstorming divergente y convergente resuelve este problema al dividir el proceso en dos fases claramente diferenciadas:

- **Brainstorming divergente**: En esta fase, el equipo genera tantas ideas como sea posible sin juzgar ni analizar ninguna de ellas. La clave aquí es la cantidad. Se fomenta la exploración de ideas locas, sin preocuparse por si son prácticas o no. El objetivo es expandir el rango de posibilidades y abrir nuevas puertas creativas.
- **Brainstorming convergente**: En esta segunda fase, el equipo revisa las ideas generadas y comienza a evaluarlas y refinarlas. Aquí es donde se separan las ideas más prometedoras de las que no tienen tanto potencial, y se empieza a trabajar en cómo convertir esas ideas en soluciones viables.

Ejemplo práctico: Una agencia de marketing podría utilizar el brainstorming divergente para generar ideas locas para una nueva campaña publicitaria. Durante esta fase, podrían surgir conceptos tan absurdos como "hacer que el CEO de la compañía salga vestido de dinosaurio en un comercial". En la fase convergente, el equipo podría decidir que, aunque la idea del dinosaurio es demasiado extrema, hay algo interesante en la idea de que el CEO participe en la campaña de una manera divertida y poco convencional.

Técnica 2: Rolestorming

El **rolestorming** es una variación del brainstorming que puede ser especialmente útil cuando el equipo se siente estancado o atrapado en formas tradicionales de pensar. En lugar de generar ideas desde su propia perspectiva, los miembros del equipo asumen diferentes roles o personajes. Pueden adoptar el papel de un competidor, un cliente, un niño, un extraterrestre o incluso una figura histórica famosa. El objetivo es ver el problema desde una perspectiva completamente nueva, lo que a menudo conduce a soluciones creativas inesperadas.

> "A veces, la mejor manera de ver una situación es desde el ángulo más improbable." — ***Tina Seelig,*** Autora de "inGenius: A Crash Course on Creativity".

Ejemplo práctico: Si un equipo de publicidad está desarrollando una campaña para un nuevo producto, podrían realizar una sesión de rolestorming en la que uno de los miembros del equipo actúe como un cliente extremadamente conservador, mientras que otro adopte el papel de un influencer de redes sociales que adora lo extravagante. Estas perspectivas radicalmente diferentes pueden ayudar a generar ideas que apelen tanto a audiencias tradicionales como modernas.

Técnica 3: Storyboarding

El **storyboarding** es una técnica clásica utilizada en el cine, pero que también es extremadamente útil para la publicidad y el marketing. Consiste en representar visualmente una serie de eventos o interacciones para contar una historia. Esta técnica es especialmente efectiva cuando se trata de diseñar campañas creativas que requieren una narrativa convincente o cuando el equipo necesita visualizar cómo una idea se desarrollará en el tiempo.

El storyboarding ayuda a desglosar ideas complejas en componentes más manejables y permite al equipo ver cómo cada pieza de la campaña encajará con las demás. También proporciona una plataforma para que todos los miembros del equipo colaboren visualmente, lo que a menudo puede generar nuevas ideas y enfoques creativos.

Caso de estudio: Apple y el storyboard de "1984"

Uno de los anuncios más icónicos de la historia publicitaria, el comercial de **Apple** de 1984 dirigido por Ridley Scott, comenzó como un storyboard. El equipo creativo de Apple y la agencia **Chiat/Day** utilizaron esta técnica para visualizar cómo contarían la historia de la marca de una manera que fuera tanto impactante como provocativa. El anuncio final, inspirado en la novela distópica de George Orwell, fue revolucionario no solo en su concepto, sino también en su ejecución, y es recordado hasta el día de hoy como uno de los momentos más importantes en la historia de la publicidad.

Técnica 4: SCAMPER

El **SCAMPER** es una técnica de pensamiento creativo que se centra en modificar una idea existente en lugar de crear una completamente nueva desde cero. SCAMPER es un acrónimo que representa siete maneras diferentes de modificar una idea:

- **S**ustituir: ¿Qué elemento del producto o campaña puedes sustituir por algo diferente?
- **C**ombinar: ¿Puedes combinar diferentes elementos o conceptos para crear algo nuevo?

- **A**daptar: ¿Puedes adaptar algo que ya existe a una nueva situación o contexto?
- **M**odificar: ¿Cómo podrías modificar o mejorar un aspecto específico de la idea?
- **P**ropósito: ¿Qué otro propósito podría tener la idea o producto?
- **E**liminar: ¿Qué puedes eliminar para simplificar o mejorar la idea?
- **R**evertir: ¿Qué pasaría si invirtieras o cambiaras el orden de los elementos?

Ejemplo práctico: Si estás desarrollando una campaña para una marca de café, podrías usar SCAMPER para modificar y mejorar la idea original. Tal vez puedes **sustituir** la imagen tradicional de una taza de café caliente por algo inesperado, como un vaso de café helado con diseños únicos en el hielo. O quizás podrías **combinar** el café con otro producto popular, como un postre o un snack, para crear una experiencia más atractiva para los consumidores.

2.3. El proceso iterativo: Refinando las ideas

Una vez que las ideas creativas han sido generadas, el trabajo no termina ahí. De hecho, es solo el comienzo. La verdadera magia creativa sucede durante el proceso iterativo, cuando las ideas iniciales se refinan, ajustan y optimizan hasta que alcanzan su máximo potencial.

El proceso iterativo no es lineal. Las ideas pasan por múltiples ciclos de revisión, feedback y ajuste, y cada vez se acercan más a una solución que no solo sea creativa, sino también efectiva. Aquí es donde la colaboración en equipo realmente brilla, ya que diferentes personas pueden aportar diferentes perspectivas para mejorar una idea.

"El proceso creativo es caótico, pero a través del caos viene la claridad." — **Sir Ken Robinson,** Experto en creatividad y educación.

Capítulo 3: Estrategias Creativas en Campañas Digitales

"Creatividad sin estrategia se llama arte. Creatividad con estrategia se llama publicidad." — **Jef I. Richards,** Profesor y experto en publicidad.

El marketing digital ha transformado el panorama publicitario como nunca antes. Las marcas, que solían confiar casi exclusivamente en los medios tradicionales como televisión, radio y medios impresos, ahora están inmersas en un entorno digital donde las reglas del juego cambian constantemente. En este mundo hiperconectado, las campañas publicitarias no solo deben destacar por su contenido creativo, sino también por su relevancia, personalización y capacidad de adaptarse a múltiples plataformas.

El principal desafío en el marketing digital no es solo ser visto, sino ser *recordado*. Con los consumidores expuestos a miles de mensajes publicitarios todos los días en múltiples dispositivos, la atención es el recurso más escaso. Las marcas deben ser lo suficientemente audaces como para romper con lo común, y ahí es donde entran en juego las estrategias creativas.

Este capítulo explorará cómo desarrollar campañas creativas efectivas en el ámbito digital, utilizando tanto técnicas disruptivas como enfoques estratégicos que maximicen el impacto. También analizaremos estudios de caso reales, desglosando campañas exitosas que han dejado huella en el mundo digital.

3.1. Entendiendo el entorno digital: Más que una pantalla

El marketing digital es más que solo anuncios en redes sociales o banners en sitios web. En realidad, es un ecosistema completo que abarca múltiples canales, plataformas y formatos, todos los cuales pueden ser aprovechados para generar creatividad. Para las marcas, esto significa que las campañas deben ser multifacéticas y adaptarse a diferentes entornos.

El ecosistema digital incluye:

- **Plataformas de redes sociales**: Facebook, Instagram, TikTok, LinkedIn, Twitter y más.

- **Motores de búsqueda y SEO**: Google, Bing, etc.
- **Publicidad programática**: Automatización de anuncios que aparecen en diversas webs.
- **Video marketing**: YouTube, Vimeo y plataformas emergentes.
- **E-mail marketing**: Boletines personalizados y automatizados.
- **Publicidad móvil**: Formatos adaptados a dispositivos móviles, incluyendo aplicaciones.
- **Influencer marketing**: Colaboraciones con personas influyentes en redes.

El primer paso en cualquier campaña digital creativa es entender dónde está tu audiencia y cómo interactúa con estas plataformas. Cada una tiene sus propias reglas, limitaciones y oportunidades, lo que significa que lo que funciona en TikTok podría fracasar en LinkedIn, y viceversa.

> "El contenido no es el rey, es el reino. Sin una estrategia que abarque múltiples plataformas, las marcas están desperdiciando su creatividad."
> — *Gary Vaynerchuk,* Fundador de VaynerMedia.

El reto de captar la atención: La guerra de los 8 segundos

Un dato que debe tenerse en cuenta es que, según estudios recientes, el tiempo de atención promedio en línea es de tan solo **8 segundos**. Esto significa que, si tu contenido no es capaz de capturar la atención de los usuarios en ese breve lapso, perderás la oportunidad de conectar con ellos. Este reto es aún mayor en plataformas como **Instagram** o **TikTok**, donde los usuarios están acostumbrados a desplazarse rápidamente por el contenido.

Insight de la industria:

Un estudio de **HubSpot** descubrió que los videos de menos de 2 minutos generan el mayor nivel de engagement en redes sociales. A medida que el tiempo de los videos aumenta, la retención de la audiencia disminuye drásticamente. Por lo tanto, es vital que las marcas aprendan a transmitir su mensaje de manera concisa, directa y visualmente impactante.

3.2. Los ingredientes de una campaña digital creativa

Crear una campaña digital creativa no significa simplemente ser "divertido" o "audaz". Existen varios ingredientes clave que, combinados, pueden aumentar significativamente las posibilidades de éxito de una campaña:

1. Personalización: El contenido que habla directamente al usuario

La personalización es uno de los pilares fundamentales del marketing digital actual. Los consumidores esperan que las marcas les hablen directamente, entendiendo sus necesidades, deseos y comportamiento. Gracias a los avances en el análisis de datos y las plataformas de publicidad digital, las marcas tienen la capacidad de crear experiencias únicas y adaptadas para cada segmento de su audiencia.

Ejemplo: Spotify y "Wrapped"

Spotify ha demostrado de manera magistral cómo la personalización puede ser un motor creativo y viral. Su campaña anual *Spotify Wrapped* proporciona a cada usuario un resumen personalizado de sus hábitos de escucha, con datos específicos sobre las canciones, géneros y artistas que más escucharon durante el año. Esta campaña no solo resuena emocionalmente con los usuarios, sino que también genera una ola de contenido generado por los propios usuarios, quienes comparten sus resúmenes en redes sociales, ampliando aún más el alcance de la campaña.

Ejercicio práctico: Personaliza tu campaña

- Elige una plataforma publicitaria como **Facebook Ads** o **Google Ads**.
- Define segmentos de audiencia basados en intereses, comportamientos y datos demográficos.
- Crea variaciones de tu anuncio que hablen directamente a esos segmentos, ajustando el mensaje, el tono y el diseño visual para cada grupo.

2. Interactividad: Involucrar a la audiencia en la creación de la campaña

Una de las grandes ventajas del marketing digital es la capacidad de interactuar directamente con la audiencia. Las campañas interactivas permiten que los usuarios se conviertan en participantes activos en lugar de simples espectadores. Esta participación no solo genera mayor engagement, sino que también crea un sentido de propiedad y conexión emocional con la marca.

Estudio de caso: Doritos "Crash the Super Bowl"

Un ejemplo icónico de campaña interactiva fue **"Crash the Super Bowl"** de Doritos. La marca invitó a los fanáticos a crear sus propios comerciales para el Super Bowl, con la promesa de que el anuncio ganador se transmitiría durante el evento. Esta estrategia no solo involucró a los consumidores, sino que también generó una gran cantidad de contenido generado por los usuarios (UGC) y una ola de publicidad gratuita cuando los participantes compartieron sus creaciones en sus redes sociales.

Ejercicio práctico: Crea una campaña interactiva

- Imagina una campaña en la que los consumidores puedan personalizar parte del producto o servicio.
- Define una mecánica clara para que los usuarios puedan participar en la campaña, ya sea a través de encuestas, concursos o contenido generado por el usuario.
- Diseña una estrategia para recompensar la participación y amplificar la viralidad de la campaña en redes sociales.

3. Storytelling: La narrativa en el corazón del marketing digital

El storytelling sigue siendo una de las herramientas más poderosas en marketing, y en el entorno digital, se ha convertido en un arte en sí mismo. Las marcas que pueden contar historias convincentes tienen una ventaja significativa sobre aquellas que solo promueven sus productos. En lugar de centrarse únicamente en las características del producto, el storytelling permite a las marcas conectar emocionalmente con su audiencia, humanizando la experiencia del consumidor.

> "El storytelling digital no se trata solo de contar una historia. Se trata de invitar a tu audiencia a ser parte de esa historia." — **Ann Handley,** Autora de "Everybody Writes".

Ejemplo: Nike y la campaña "Dream Crazy"

La campaña "Dream Crazy" de Nike, protagonizada por Colin Kaepernick, fue más que una simple promoción de productos. Contó una historia de lucha, superación y controversia, lo que provocó una gran conversación en redes sociales y más allá. Nike utilizó el poder del storytelling para vincular su marca con valores de justicia social y empoderamiento, apelando directamente a sus consumidores más jóvenes y generando una enorme cantidad de contenido compartido de forma orgánica.

Ejercicio práctico: Desarrolla una narrativa

- Define una historia que quieras contar sobre tu marca. Piensa en los retos y éxitos que reflejen los valores de tu empresa.
- Divide la historia en capítulos o momentos clave, y utiliza diferentes formatos (como videos cortos, carruseles en Instagram o secuencias de emails) para contar la historia de manera progresiva.
- Invita a tu audiencia a compartir sus propias historias relacionadas con el tema de tu campaña, generando una conexión más profunda.

3.3. Cómo las plataformas impactan la creatividad

No todas las plataformas digitales son iguales, y lo que puede funcionar en una red social puede no tener éxito en otra. Parte de la creatividad digital radica en entender cómo adaptar el contenido y la estrategia a la plataforma en la que se va a distribuir. Aquí analizaremos algunas de las principales plataformas y cómo aprovecharlas para crear campañas creativas y efectivas.

Facebook e Instagram: La combinación visual y la segmentación

Facebook e Instagram, ambas bajo el paraguas de **Meta**, son dos de las plataformas más poderosas para las marcas. Mientras que Facebook ha evolucionado hacia un enfoque más orientado a la segmentación de audiencias y los anuncios directos, Instagram sigue siendo la plataforma visual por excelencia.

Instagram: La creatividad visual al máximo

En **Instagram**, la clave del éxito radica en la capacidad de destacar visualmente. Las imágenes y los videos deben ser impactantes, y las marcas tienen que contar sus historias de manera rápida y efectiva. Las funciones como **Stories**, **Reels** y **IGTV** permiten diferentes formas de contar historias, desde momentos rápidos y divertidos hasta narraciones más largas y elaboradas.

Ejemplo: Gucci en Instagram

Gucci ha utilizado Instagram de manera innovadora para contar la historia de su marca, aprovechando la estética visual que es sinónimo de la marca. Sus publicaciones no solo muestran productos, sino que crean un mundo completo alrededor de ellos, con colores, formas y escenarios que parecen sacados de una película surrealista.

Ejercicio práctico: Crea una campaña visual

- Diseña una campaña utilizando Instagram Stories o Reels. Enfócate en un aspecto visual que destaque instantáneamente.
- Usa herramientas de diseño gráfico para agregar elementos de texto o animación que refuercen el mensaje, sin sobrecargar la imagen.
- Experimenta con la función de preguntas y encuestas de Instagram Stories para fomentar la participación de los usuarios.

TikTok: Creatividad rápida y viral

TikTok se ha convertido en una de las plataformas más emocionantes para las marcas que buscan conectarse con audiencias más jóvenes. Con su enfoque en videos cortos y rápidos, la creatividad en TikTok se trata de captar la atención inmediatamente, utilizando tendencias, música y desafíos virales.

> "La clave en TikTok es ser auténtico. Las marcas que intentan crear anuncios tradicionales suelen fracasar aquí." — **Matt Navarra,** Consultor de redes sociales.

Ejemplo: Chipotle y los desafíos virales

La cadena de restaurantes Chipotle ha utilizado TikTok para lanzar desafíos virales que combinan humor con la promoción de productos. Uno de sus desafíos más exitosos fue el **#GuacDanceChallenge**, que alentó a los usuarios a crear videos bailando mientras mostraban su amor por el guacamole. El desafío generó millones de interacciones y fue una forma creativa de conectar el producto con una experiencia divertida.

Ejercicio práctico: Desafío TikTok

- Crea un desafío para tu marca en TikTok. Asegúrate de que sea fácil de replicar y que utilice una canción popular en la plataforma.
- Utiliza hashtags específicos para impulsar la viralidad, y anima a los usuarios a compartir sus propias versiones del desafío.
- Colabora con creadores de contenido influyentes en TikTok para dar un impulso inicial a la campaña.

3.4. Medición del éxito: KPIs para campañas digitales creativas

Una vez que una campaña digital creativa ha sido lanzada, es crucial medir su éxito. Afortunadamente, las plataformas digitales proporcionan una gran cantidad de datos que permiten a las marcas analizar el rendimiento en tiempo real y ajustar sus estrategias según sea necesario.

Principales KPIs para campañas creativas

- **Tasa de clics (CTR)**: Mide el porcentaje de personas que hacen clic en tu anuncio después de verlo.
- **Engagement**: Mide la cantidad de interacciones (me gusta, comentarios, compartidos) que recibe tu contenido.
- **Tiempo de visualización**: En plataformas de video como YouTube o TikTok, el tiempo de visualización es crucial para entender cuán atractiva es tu campaña.
- **Conversión**: Mide cuántas personas que interactúan con tu campaña terminan realizando la acción deseada, como una compra o un registro.

Ejemplo: Monitoreo en tiempo real en Google Ads

Google Ads permite monitorear el rendimiento de los anuncios en tiempo real, lo que te permite ajustar las pujas, el contenido y la segmentación sobre la marcha. Esta capacidad de ajuste dinámico es clave para optimizar campañas que buscan no solo clics, sino conversiones.

Capítulo 4: Creatividad en Guerrilla Marketing

"Las grandes ideas no necesitan grandes presupuestos, solo grandes ejecuciones." — **Jay Conrad Levinson,** creador del término Guerrilla Marketing.

Introducción: La revolución de lo inesperado

En un mundo publicitario dominado por grandes presupuestos, la capacidad de sorprender con estrategias fuera de lo común es el arma secreta de marcas audaces. El guerrilla marketing nace precisamente de esa necesidad de competir sin disponer de los recursos de los gigantes corporativos. Es el "David contra Goliat" de la publicidad, donde la astucia y la creatividad ganan la partida.

El guerrilla marketing se basa en la idea de crear algo inesperado, que irrumpa en la rutina del público y lo sorprenda en lugares y momentos donde no espera encontrarse con un anuncio publicitario. Se trata de acciones inesperadas, a menudo en el entorno cotidiano, que capturan la atención de los consumidores de forma inesperada y generan una conversación en torno a la marca.

Desde su concepción en los años 80 por **Jay Conrad Levinson**, el guerrilla marketing ha evolucionado hasta convertirse en una de las tácticas más disruptivas y memorables en el mundo de la publicidad. Lo que hace a esta forma de marketing tan poderosa es su capacidad para sobresalir, crear impacto emocional y ser compartida tanto en el entorno físico como en las redes sociales. Las campañas más efectivas logran combinar lo mejor de ambos mundos.

Este capítulo abordará cómo desarrollar campañas de guerrilla marketing exitosas, con estudios de caso memorables, estrategias clave, y una guía paso a paso para planificar y ejecutar estas acciones creativas. Exploraremos cómo esta forma de publicidad, aunque de bajo costo, puede generar un alto impacto a través de su capacidad para sorprender y deleitar al público.

4.1. Orígenes y evolución del Guerrilla Marketing

El concepto de guerrilla marketing fue popularizado por **Jay Conrad Levinson** en su libro de 1984,

Guerrilla Marketing. Inspirado por las tácticas militares de guerrilla, Levinson introdujo la idea de que pequeñas empresas con presupuestos limitados podían competir con grandes corporaciones utilizando estrategias no convencionales para captar la atención de los consumidores. La clave estaba en sorprender, en hacer algo inesperado, en transformar lo ordinario en extraordinario.

> "El guerrilla marketing es una batalla por la mente del consumidor, no por el bolsillo del anunciante." — **Jay Conrad Levinson.**

Durante décadas, la publicidad estuvo dominada por medios tradicionales como la televisión, la radio y la prensa escrita. Para tener éxito en estos medios, se requería un presupuesto considerable. Sin embargo, Levinson vio una oportunidad para las pequeñas empresas: ¿por qué no usar el ingenio y la creatividad para sorprender al público donde menos lo espera? La calle, los parques, las estaciones de metro y los edificios se convirtieron en el nuevo campo de batalla publicitario.

El impacto de la evolución digital

En los últimos 20 años, el guerrilla marketing ha evolucionado aún más, aprovechando las plataformas digitales y las redes sociales para amplificar su impacto. Ahora, una campaña creativa que comience en el mundo físico puede volverse viral en cuestión de horas gracias a la capacidad de las redes sociales para compartir imágenes y videos. Este nuevo contexto ha hecho que el guerrilla marketing sea más poderoso que nunca, combinando lo físico con lo digital para maximizar su alcance.

Estudio de caso: Flashmob de T-Mobile en la estación de tren de Liverpool

En 2009, **T-Mobile** organizó una flashmob en la estación de tren de Liverpool, donde cientos de personas, aparentemente comunes y corrientes, comenzaron a bailar en perfecta sincronía. Lo que comenzó como un evento en una estación de tren pronto se viralizó, alcanzando millones de visualizaciones en línea. La sorpresa y la alegría del público en la estación fue capturada en video y utilizada como el centro de la campaña de T-Mobile, cuyo lema era *"Life's for Sharing"*. El evento no solo fue un éxito en términos de alcance, sino que también generó un fuerte vínculo emocional entre la marca y su audiencia.

4.2. Principios básicos del Guerrilla Marketing

El guerrilla marketing se basa en ciertos principios fundamentales que guían el desarrollo y ejecución de las campañas. Aunque existen muchas variaciones y enfoques diferentes, los siguientes principios son esenciales para cualquier campaña exitosa:

1. Creatividad sobre presupuesto

La característica más notable del guerrilla marketing es que no requiere grandes presupuestos. Las ideas creativas son lo que impulsa estas campañas, no el dinero. El objetivo es aprovechar los recursos existentes y encontrar maneras de transformar elementos cotidianos en oportunidades publicitarias.

> "Si haces lo que siempre has hecho, obtendrás lo que siempre has obtenido. El guerrilla marketing te obliga a pensar diferente." — **Richard Branson,** Fundador de Virgin Group.

Un banco de parque, una parada de autobús, una pared en la calle o incluso un cruce peatonal pueden ser la base de una campaña impactante si se utilizan de manera creativa. A menudo, los elementos más simples se pueden transformar en algo inesperado, lo que aumenta su capacidad para atraer la atención.

Ejemplo: Campaña de McDonald's en Suiza

En Suiza, McDonald's convirtió un cruce peatonal común en una caja de papas fritas. Las líneas blancas del cruce peatonal se transformaron en "papas fritas" gigantes gracias a una simple pero efectiva intervención visual. La simplicidad de esta campaña, combinada con la sorpresa de encontrar un anuncio de McDonald's en el suelo, capturó la atención de peatones y automovilistas por igual. Esta campaña es un excelente ejemplo de cómo el guerrilla marketing utiliza recursos simples y asequibles para generar impacto.

2. Impacto emocional

El guerrilla marketing no se trata solo de captar la atención visual, sino de crear una respuesta emocional en el público. Una buena campaña de guerrilla debe hacer que las personas se detengan, sonrían, rían o incluso cuestionen su entorno. El objetivo es dejar una impresión duradera que no solo se quede en la mente de las personas, sino que también las motive a hablar de la experiencia.

Las campañas de guerrilla más exitosas son aquellas que apelan a las emociones del público. La sorpresa, el humor, la compasión o incluso la incomodidad son emociones poderosas que pueden hacer que una campaña sea memorable.

Estudio de caso: Campaña de KitKat – "Have a Break"

KitKat llevó el concepto de su famoso eslogan *"Have a Break, Have a KitKat"* al siguiente nivel cuando transformaron bancos de parque en barras de chocolate. La estructura del banco fue rediseñada para que pareciera una barra de KitKat, y los transeúntes se encontraron con la agradable sorpresa de que podían "tomarse un descanso" en el banco con el aspecto de la famosa barra de chocolate. La conexión emocional era inmediata: las personas asociaban el descanso y la relajación con el disfrute de un KitKat.

3. Proximidad e interacción

Uno de los aspectos más fascinantes del guerrilla marketing es su capacidad para acercarse a la audiencia en su entorno cotidiano, convirtiendo lo ordinario en algo extraordinario. Este enfoque de proximidad permite a las marcas interactuar de manera directa con las personas en sus entornos naturales, ya sea en la calle, en el transporte público o incluso dentro de una tienda.

El marketing tradicional a menudo separa al público de la marca: los anuncios en televisión, radio o redes sociales son consumidos de manera pasiva. El guerrilla marketing, en cambio, permite una interacción directa, transformando al espectador en un participante activo de la campaña.

Ejemplo: Campaña de "La Boda Roja" en Nueva Zelanda

En 2016, para promover la sexta temporada de *Game of Thrones*, HBO llevó a cabo una campaña de guerrilla marketing en Nueva Zelanda. Los creadores instalaron una réplica de la icónica silla de ruedas de **Bran Stark** en una transitada plaza de Wellington. Quienes se sentaban en la silla eran inesperadamente "atacados" por actores disfrazados de los temidos Caminantes Blancos. La campaña no solo sorprendió y asustó a algunos peatones, sino que también generó una cobertura mediática masiva y videos virales en redes sociales. La interacción directa con el público y la capacidad de hacer que las personas se sintieran parte del universo de *Game of Thrones* fue lo que hizo que esta campaña fuera tan efectiva.

4. Viralidad y capacidad de ser compartido

En la era de las redes sociales, el guerrilla marketing ha evolucionado para ser no solo una experiencia física, sino también una estrategia que busca la viralidad digital. Si una campaña de guerrilla es lo suficientemente impactante, las personas querrán hablar de ella, compartir fotos y videos, y difundir la experiencia en línea. Este efecto de amplificación orgánica es lo que hace que una acción de guerrilla pueda alcanzar un público mucho más amplio que los que estuvieron físicamente presentes en el momento de la acción.

Ejemplo: "La Mañana Sorpresa" de Nescafé

Nescafé llevó a cabo una brillante campaña en la que instaló en varias ciudades europeas máquinas de café que ofrecían una taza gratuita a cualquiera que se atreviera a pulsar un botón... pero había una condición: solo funcionaba si dos personas pulsaban el botón simultáneamente. Este enfoque incentivaba a los extraños a interactuar y colaborar entre ellos para conseguir su café. Las interacciones espontáneas fueron capturadas en video y se volvieron virales rápidamente. La idea de que el café "une a las personas" fue el mensaje principal de la campaña, reforzando la conexión emocional con la marca.

4.3. Tipos de Guerrilla Marketing: Estrategias Disruptivas

A lo largo de los años, el guerrilla marketing ha adoptado diferentes formas. Cada tipo de guerrilla marketing ofrece diferentes enfoques para captar la atención del público. A continuación, exploraremos algunos de los tipos más populares:

1. Marketing Ambiental

El **marketing ambiental** es quizás el tipo más clásico de guerrilla marketing. Consiste en utilizar el entorno físico de manera creativa para transmitir un mensaje publicitario. Esto puede incluir modificar elementos urbanos como mobiliario, calles, fachadas de edificios, entre otros, para que transmitan un mensaje relacionado con la marca.

Ejemplo: IBM – "Soluciones inteligentes para ciudades inteligentes"

IBM lanzó una serie de campañas de marketing ambiental bajo el lema "Soluciones inteligentes para ciudades inteligentes". En lugar de utilizar carteles publicitarios tradicionales, IBM convirtió elementos urbanos como marquesinas, bancos y rampas en herramientas útiles para los transeúntes. Por ejemplo, en lugar de una simple pancarta publicitaria, crearon una marquesina con un diseño curvo que servía como un refugio para la lluvia. De esta manera, la campaña no solo captaba la atención, sino que también ofrecía una solución práctica para mejorar la vida de las personas, alineándose perfectamente con el mensaje de la marca.

2. Marketing Experiencial

El **marketing experiencial** se centra en crear experiencias en las que los consumidores participen activamente. Las personas interactúan con la marca de manera directa y vivencial, lo que genera una conexión emocional más fuerte que los anuncios tradicionales.

Estudio de caso: "Refresca tu mundo" de Coca-Cola

Coca-Cola llevó a cabo una campaña experiencial bajo el lema "Refresca tu mundo". Instalaron una máquina expendedora en diferentes universidades, pero esta máquina no era como las demás: en lugar de simplemente vender refrescos, ofrecía regalos inesperados como pizzas, flores, o Coca-Colas gratis en tamaños gigantes. Los estudiantes interactuaban con la máquina, y la sorpresa de recibir estos "regalos" generó una gran cantidad de sonrisas, risas y, lo más importante, videos compartidos en redes sociales. La experiencia fue memorable para quienes la vivieron, y las imágenes de la campaña se volvieron virales rápidamente.

4.4. El poder del Guerrilla Marketing digital

En los últimos años, las estrategias de guerrilla marketing se han adaptado al entorno digital, abriendo nuevas oportunidades para campañas creativas. Mientras que los métodos tradicionales de guerrilla marketing implican intervenciones en el entorno físico, el marketing digital permite una ejecución rápida, directa y escalable.

1. Hackeo publicitario (Ad Hijacking)

El **hackeo publicitario** es una técnica en la que una marca o un individuo toma un anuncio existente y lo modifica para cambiar su significado o para atraer la atención hacia otro mensaje. Esto a menudo se realiza en línea, donde es más fácil alterar los anuncios de manera rápida y distribuir el contenido a un público amplio.

Ejemplo: Greenpeace vs. Shell

Un famoso caso de hackeo publicitario ocurrió cuando **Greenpeace** creó una serie de anuncios falsos que parecían ser parte de una campaña de **Shell**, pero que en realidad criticaban a la empresa por sus prácticas de perforación en el Ártico. Los anuncios, que incluían imágenes de la fauna ártica y mensajes irónicos sobre la destrucción ambiental, se volvieron virales, haciendo que muchas personas cuestionaran las actividades de Shell en esa región. Shell nunca lanzó una campaña oficial en respuesta, pero el impacto negativo para la empresa fue significativo.

Conclusión: La reinvención constante del Guerrilla Marketing

El guerrilla marketing sigue siendo una de las formas más poderosas de publicidad creativa, especialmente para aquellas marcas que buscan captar la atención sin contar con grandes presupuestos. Con la evolución de las plataformas digitales, las oportunidades para campañas de guerrilla han crecido exponencialmente, permitiendo que las marcas lleguen a millones de personas de manera rápida y eficaz.

Sin embargo, el éxito en el guerrilla marketing no depende solo de la creatividad, sino también de la ejecución y la capacidad para sorprender e involucrar al público en su entorno cotidiano. Cuando se realiza de manera efectiva, el guerrilla marketing puede no solo captar la atención, sino también generar una conexión emocional duradera con la audiencia, lo que lo convierte en una de las tácticas más valiosas en el arsenal publicitario de cualquier marca.

Capítulo 5: Casos de Éxito: Lecciones de Grandes Marcas

"La creatividad es lo que diferencia a las marcas que sobreviven de las que prosperan." — **David Ogilvy,** considerado el "padre de la publicidad moderna".

Al observar las campañas más exitosas de las últimas décadas, podemos notar que la creatividad ha sido el motor principal de muchas marcas para sobresalir en mercados saturados. No solo se trata de promocionar productos o servicios, sino de contar una historia, provocar una emoción y establecer una conexión duradera con el consumidor. Las campañas de marketing más impactantes no se limitan a vender un producto; logran algo mucho más profundo: redefinen la percepción de una marca, inspiran acciones y, en algunos casos, se convierten en fenómenos culturales.

En este capítulo, profundizaremos en los casos de éxito más emblemáticos del marketing y la publicidad. Desde las campañas digitales que revolucionaron las redes sociales, hasta los comerciales que marcaron un antes y un después en la televisión, analizaremos las lecciones que podemos aprender de las estrategias detrás de estos triunfos. También exploraremos cómo estas campañas lograron combinar creatividad, emoción y una visión estratégica para captar la atención de millones de personas alrededor del mundo.

5.1. Nike: "Just Do It" – Cómo una frase inspiró a millones

Cuando pensamos en campañas de marketing exitosas, una de las primeras que viene a la mente es **"Just Do It"** de Nike. Lanzada en 1988, esta frase sencilla pero poderosa se convirtió en un lema global que no solo definió a la marca, sino que también influyó en la cultura popular. Hasta el día de hoy, "Just Do It" es sinónimo de esfuerzo, perseverancia y la idea de que cualquiera puede superar sus límites.

La génesis de "Just Do It"

La historia de la campaña "Just Do It" es tan interesante como el impacto que ha tenido. En la década de 1980, Nike no era la marca dominante en ropa deportiva que es hoy. En ese momento, la compañía enfrentaba una competencia feroz de **Reebok**, que estaba ganando popularidad rápidamente, especialmente entre los consumidores más jóvenes. Mientras Reebok se enfocaba en la moda del fitness, Nike necesitaba una estrategia para posicionarse como la marca de los atletas serios, los que enfrentan desafíos y logran lo imposible.

El eslogan fue creado por **Dan Wieden**, cofundador de la agencia de publicidad **Wieden+Kennedy**. Curiosamente, la inspiración provino de una fuente inesperada: las últimas palabras de un criminal condenado a muerte. Según cuenta la historia, Wieden se inspiró en la frase **"Let's do it"**, dichas por Gary Gilmore antes de ser ejecutado. La frase fue modificada a "Just Do It", y lo que podría haber sido un simple eslogan se convirtió en una declaración de principios para la marca.

> "No importa quién seas, no importa de dónde vengas, 'Just Do It' es una

llamada a la acción para todo el mundo." — **Dan Wieden.**

Estrategia y ejecución

Nike se centró en una estrategia emocional, buscando algo más profundo que simplemente vender zapatos. "Just Do It" se convirtió en una filosofía de vida que podía aplicarse a cualquier persona, no solo a atletas profesionales. Este enfoque ayudó a Nike a conectar con una audiencia más amplia, desde corredores amateur hasta personas que enfrentan desafíos en su vida diaria.

La campaña utilizó a atletas famosos como **Michael Jordan**, pero también incluyó a personas comunes que enfrentaban sus propios retos. Al diversificar las historias que contaba, Nike logró que el lema "Just Do It" resonara con diferentes segmentos de la sociedad. No importaba si eras un atleta olímpico o alguien que quería perder peso; el mensaje era inclusivo y universal.

Lecciones clave de Nike:

1. **Simplificación poderosa**: A veces, las ideas más simples son las más efectivas. "Just Do It" es una frase corta, pero su impacto emocional es profundo. En marketing, menos puede ser más si el mensaje es claro y resuena emocionalmente.
2. **Crea un mensaje universal**: Nike no segmentó su campaña solo para atletas de élite, sino que se dirigió a cualquiera que enfrentara desafíos. Esto hizo que la marca fuera relevante para una audiencia más amplia, trascendiendo el deporte.
3. **Haz que el consumidor se vea en la campaña**: Una campaña exitosa permite que el consumidor se identifique con el mensaje. Al contar historias de personas comunes junto con atletas famosos, Nike logró que su público se sintiera parte del movimiento "Just Do It".

5.2. Coca-Cola: "Share a Coke" – Cuando un nombre crea conexiones personales

Otra campaña que capturó la imaginación de millones y logró generar una conexión emocional fue **"Share a Coke"** de Coca-Cola. Esta campaña, lanzada por primera vez en Australia en 2011, se basó en un concepto simple pero increíblemente efectivo: reemplazar el icónico logo de Coca-Cola en las botellas con los nombres más comunes de cada país. Esto permitió a los consumidores encontrar botellas con sus propios nombres o los de sus amigos y familiares, y alentó a la gente a compartir una Coca-Cola personalizada con los demás.

El concepto detrás de "Share a Coke"

La idea detrás de la campaña era personalizar la experiencia del consumidor. Coca-Cola, una de las marcas más reconocidas en el mundo, decidió poner los nombres de las personas en sus botellas y latas, transformando algo que ya era familiar en una experiencia única para cada individuo. Esto creó una sensación de exclusividad y permitió a los consumidores conectar de manera más personal con la marca.

"Una Coca-Cola con tu nombre es más que una bebida; es un mensaje personal." — **Jonathan Mildenhall,** ex Vicepresidente de Marketing Global en Coca-Cola.

Estrategia y ejecución

La estrategia fue brillante en su simplicidad. Coca-Cola no lanzó una campaña tradicional, sino que dejó que los consumidores hicieran el trabajo por ellos. Al animar a la gente a buscar y compartir botellas con nombres, la campaña generó una enorme cantidad de contenido generado por los usuarios (UGC) en redes sociales. Las personas comenzaron a publicar fotos de sus botellas personalizadas, lo que amplificó la campaña y le dio una presencia mucho mayor de la que Coca-Cola habría podido generar por sí sola.

Además, Coca-Cola adaptó la campaña a diferentes mercados, seleccionando los nombres más comunes en cada país para asegurar que los consumidores pudieran encontrar fácilmente una botella con su nombre. En algunos lugares, incluso permitieron que los clientes personalizaran sus botellas en puntos de venta.

Resultados: La campaña fue un éxito rotundo, aumentando las ventas en Australia en un 7% en el primer año, y posteriormente se lanzó en más de 80 países. La campaña no solo impulsó las ventas, sino que también revitalizó la conexión emocional de los consumidores con la marca.

Lecciones clave de Coca-Cola:

1. **Personalización masiva**: La personalización hace que los consumidores sientan que el producto fue creado específicamente para ellos. En la era del marketing digital, donde la personalización es clave, Coca-Cola logró hacer esto a una escala masiva.
2. **Involucra al consumidor**: Al animar a los consumidores a compartir sus botellas en redes sociales, Coca-Cola no solo generó interacción, sino que amplificó su alcance sin necesidad de una gran inversión en publicidad tradicional.
3. **Sé local, pero piensa global**: La campaña fue adaptada a diferentes mercados, lo que permitió a Coca-Cola personalizar la experiencia según las preferencias locales, pero manteniendo la coherencia global del mensaje.

5.3. Apple: "Think Different" – Rompiendo con las convenciones

Apple es una marca conocida por su innovación y su capacidad para pensar más allá de lo convencional. En 1997, cuando Apple enfrentaba dificultades financieras y de percepción, lanzó una de las campañas publicitarias más icónicas de la historia: **"Think Different"**. Esta campaña no solo cambió la trayectoria de la empresa, sino que también redefinió cómo se percibía la creatividad y la innovación en el mundo de la tecnología.

La génesis de "Think Different"

En la década de 1990, Apple estaba luchando por sobrevivir. La compañía había perdido terreno frente a competidores como Microsoft, y muchos cuestionaban su relevancia. Fue en este momento cuando **Steve Jobs**, recientemente regresado a la compañía, decidió que Apple necesitaba algo más que buenos productos: necesitaba una identidad renovada.

Trabajando con la agencia de publicidad **TBWA\Chiat\Day**, Apple creó la campaña "Think Different". La campaña celebraba a las personas que desafiaban las normas y cambiaban el mundo a través de la innovación y la creatividad. El anuncio principal presentaba imágenes en blanco y negro de figuras icónicas como **Albert Einstein, Mahatma Gandhi, Pablo Picasso** y **Amelia Earhart**, acompañadas del siguiente mensaje:

> "Aquí están los locos. Los inadaptados. Los rebeldes. Los alborotadores. Los que ven las cosas de manera diferente. No les gustan las reglas. Y no respetan el status quo. Puedes citarlos, estar en desacuerdo con ellos, glorificarlos o vilipendiarlos. Pero lo único que no puedes hacer es ignorarlos. Porque ellos cambian las cosas. Empujan a la raza humana hacia adelante. Y mientras algunos los ven como locos, nosotros vemos genios. Porque las personas que están lo suficientemente locas como para pensar que pueden cambiar el mundo son las que lo hacen."

Estrategia y ejecución

El mensaje de "Think Different" no solo se trataba de la tecnología, sino de la filosofía detrás de ella. Apple no solo vendía computadoras, vendía una visión de cómo la tecnología podía cambiar el mundo. Este enfoque emocional y aspiracional resonó profundamente con los consumidores, especialmente con aquellos que veían a Apple como una marca para personas creativas e innovadoras.

La campaña fue lanzada con un comercial televisivo, anuncios impresos y vallas publicitarias, todos los cuales presentaban a los íconos culturales que representaban el espíritu de la campaña. Además, Apple utilizó la campaña para reposicionarse frente a la competencia: mientras que Microsoft era visto como el gigante corporativo y monolítico, Apple se presentó como la marca para los soñadores y visionarios.

Lecciones clave de Apple:

1. **Vende una filosofía, no solo un producto**: Apple no se centró en las características técnicas de sus productos en esta campaña. En su lugar, vendió una filosofía que apelaba a las emociones de las personas que se identificaban como creativas y dispuestas a desafiar las normas.
2. **Haz que tu mensaje sea aspiracional**: Apple no solo promocionaba computadoras; promocionaba la idea de que sus productos eran herramientas para cambiar el mundo. Esto le dio a la marca una dimensión más profunda y significativa.
3. **La coherencia es clave**: "Think Different" fue coherente con la identidad de Apple como marca innovadora. Mantener una identidad clara y coherente en todas las plataformas y en cada campaña publicitaria

es fundamental para crear una marca sólida.

5.4. Old Spice: "The Man Your Man Could Smell Like" – Reinventando una marca antigua

Una de las campañas más inesperadas y exitosas de la última década fue la de **Old Spice** con su famoso anuncio **"The Man Your Man Could Smell Like"**. Lanzada en 2010, esta campaña cambió completamente la percepción de la marca Old Spice, que anteriormente se asociaba con hombres mayores, y la transformó en una marca fresca, divertida y relevante para una audiencia mucho más joven.

La génesis de la campaña

Antes de la campaña, Old Spice enfrentaba un desafío: la marca era percibida como anticuada y irrelevante por los consumidores más jóvenes. Necesitaban cambiar esa percepción si querían competir con marcas como Axe, que dominaba el mercado de los desodorantes para hombres jóvenes.

La agencia de publicidad **Wieden+Kennedy**, la misma detrás de la campaña de Nike "Just Do It", se encargó de reinventar la marca. La solución fue crear un personaje carismático y exageradamente masculino interpretado por **Isaiah Mustafa**, quien protagonizó el comercial en situaciones absurdas pero entretenidas, hablando directamente a la cámara y a las mujeres, diciéndoles cómo sería su vida si sus hombres olieran como él.

Estrategia y ejecución

El anuncio rompió con todas las convenciones de la publicidad tradicional de desodorantes. Era gracioso, absurdo, y a la vez, inesperadamente eficaz. Al dirigirse tanto a las mujeres como a los hombres, Old Spice amplió su audiencia y convirtió el anuncio en un fenómeno viral.

Además del comercial televisivo, la campaña fue amplificada en redes sociales. **Old Spice** aprovechó plataformas como YouTube y Twitter para interactuar directamente con los consumidores. Durante un período de 48 horas, Isaiah Mustafa, en su personaje de "The Man Your Man Could Smell Like", respondió en tiempo real a preguntas y comentarios de usuarios en las redes sociales, lo que amplificó aún más el alcance de la campaña.

Lecciones clave de Old Spice:

1. **No tengas miedo de reinventarte**: Old Spice rompió completamente con su imagen anterior y asumió un riesgo al reinventar la marca. A veces, las marcas necesitan una renovación audaz para volver a ser relevantes.
2. **El humor y la exageración pueden ser poderosos**: La exageración y el humor hicieron que el anuncio fuera entretenido y memorable. El entretenimiento puede ser una forma poderosa de conectar con una audiencia y hacer que tu marca se destaque.
3. **Aprovecha el poder de las redes sociales**: La interacción en tiempo real con los consumidores a través de las redes sociales llevó la campaña al siguiente nivel. Aprovechar las redes sociales para interactuar directamente con la audiencia puede amplificar significativamente el impacto de una campaña.

Conclusión: Lo que podemos aprender de las grandes campañas

Las campañas de marketing más exitosas comparten ciertos principios fundamentales: son creativas, emocionales, coherentes y, sobre todo, logran conectar profundamente con el público. No se trata solo de vender productos, sino de vender ideas, aspiraciones y valores.

Cada una de las campañas que hemos analizado en este capítulo ofrece lecciones clave que cualquier marca puede aplicar, independientemente de su tamaño o presupuesto. Desde la simplicidad poderosa de "Just Do It" hasta la reinvención atrevida de Old Spice, estas campañas han dejado una huella duradera en la industria publicitaria y nos muestran que la creatividad, cuando se combina con una estrategia clara, puede cambiar el juego por completo.

Capítulo 6: La Psicología Detrás de las Ideas Virales

> "Las ideas virales son las que resuenan emocionalmente, y esa resonancia es lo que hace que las compartamos." — **Jonah Berger,** autor de Contagious: How to Build Word of Mouth in the Digital Age.

En la era digital, las campañas de marketing y publicidad ya no dependen únicamente de los medios tradicionales para alcanzar a su audiencia. Las redes sociales y otras plataformas digitales han dado lugar a un nuevo fenómeno: la viralidad. Cuando una campaña, video o mensaje se "vuelve viral", puede llegar a millones de personas en cuestión de horas o días, sin necesidad de una gran inversión publicitaria.

Sin embargo, la viralidad no es solo cuestión de suerte. Aunque a menudo parece que las campañas virales surgen de manera espontánea, muchas de ellas están diseñadas estratégicamente para aprovechar ciertos principios psicológicos que influyen en el comportamiento humano. Al comprender cómo y por qué las personas comparten contenido, las marcas pueden crear campañas que tienen más probabilidades de volverse virales y generar un impacto masivo.

En este capítulo, exploraremos los fundamentos psicológicos detrás de las ideas virales, desglosaremos las emociones que impulsan a las personas a compartir, y analizaremos estudios de caso que muestran cómo las marcas han aprovechado estos principios para crear campañas exitosas. También proporcionaremos herramientas y estrategias prácticas para aplicar estos conceptos a tus propias campañas.

6.1. ¿Qué es la viralidad? Un fenómeno cultural y psicológico

En términos simples, la viralidad ocurre cuando un contenido —ya sea un video, una imagen, un artículo o un meme— se comparte rápida y masivamente en internet, alcanzando a un gran número de personas en un corto período de tiempo. La analogía con los virus se debe a que este proceso es muy similar a la forma en que los virus biológicos se propagan de una persona a otra. En el caso del marketing viral, cada "compartir" en redes sociales o cada reenvío de un mensaje actúa como un "contagio" que amplifica el alcance de la campaña.

> *"El marketing viral es el equivalente digital de una conversación alrededor de la hoguera; es algo que las personas desean compartir porque les genera una conexión emocional."* — **Seth Godin,** experto en marketing y autor.

Pero, ¿qué es lo que hace que algo se vuelva viral? Existen numerosos factores que contribuyen a la viralidad, y algunos de ellos son impredecibles. Sin embargo, la psicología detrás de las ideas virales nos proporciona pistas clave sobre por qué las personas comparten ciertos contenidos mientras ignoran otros.

6.2. La psicología del contenido compartido: ¿Por qué compartimos?

Para entender por qué las ideas virales tienen tanto éxito, primero debemos explorar el "por qué" detrás del comportamiento de compartir. ¿Por qué las personas sienten la necesidad de compartir contenido en sus redes sociales? ¿Qué buscan al hacerlo? Aquí hay algunos de los principales factores psicológicos que influyen en el comportamiento de compartir:

1. Emoción intensa

Uno de los factores más importantes detrás de la viralidad es la emoción. Los estudios han demostrado que el contenido que genera una respuesta emocional intensa es mucho más probable que se comparta. Esto puede incluir emociones positivas como el asombro, la alegría o el orgullo, pero también puede incluir emociones negativas como el miedo o la indignación.

> *"El contenido que provoca emociones fuertes es el que tiene más probabilidades de ser compartido, porque genera una respuesta inmediata y memorable."* — **Jonah Berger.**

Estudio de caso: Campaña de Always – "Like a Girl"

La campaña **"Like a Girl"** de Always es un excelente ejemplo de cómo una campaña que apela a emociones fuertes puede volverse viral. El anuncio, que cuestionaba los estereotipos de género y empoderaba a las mujeres jóvenes, generó una respuesta emocional intensa tanto en mujeres como en hombres. Al tratar un tema socialmente relevante y emocionalmente cargado,

Always logró que las personas compartieran el video en redes sociales, lo que llevó a más de 90 millones de vistas en YouTube.

Lección clave: Haz que tu audiencia sienta algo profundo.

Cuando una campaña logra que las personas sientan emociones intensas, ya sea positivas o negativas, es mucho más probable que compartan el contenido con los demás. Las emociones impulsan el comportamiento humano, y cuando un mensaje toca una fibra emocional, las personas sienten la necesidad de compartirlo con su círculo social.

2. Identidad y autoexpresión

El contenido viral a menudo está vinculado a la identidad y la autoexpresión. Las personas tienden a compartir contenido que refuerza la forma en que quieren ser percibidas por los demás. En otras palabras, compartimos cosas que creemos que nos hacen parecer más inteligentes, más compasivos, más divertidos, o más conscientes socialmente. Este fenómeno está directamente relacionado con la necesidad humana de validación social y pertenencia.

Ejemplo práctico: Campañas relacionadas con causas sociales

Las campañas que promueven causas sociales o acciones solidarias suelen volverse virales porque permiten a las personas mostrar su apoyo a una causa en la que creen. Compartir este tipo de contenido no solo les permite expresar su identidad, sino que también refuerza su imagen ante los demás como personas empáticas o comprometidas.

Estudio de caso: Ice Bucket Challenge

El **Ice Bucket Challenge** de 2014 es un ejemplo perfecto de cómo el contenido viral puede basarse en la autoexpresión. El desafío, que consistía en que las personas se tiraran un cubo de agua helada sobre la cabeza y nominaran a otros a hacer lo mismo, se convirtió en un fenómeno mundial. Además de ser una actividad divertida y emocionante, el desafío estaba vinculado a una causa: recaudar fondos y crear conciencia sobre la esclerosis lateral amiotrófica (ELA).

Las personas que participaron en el Ice Bucket Challenge no solo lo hicieron por la causa, sino también porque les dio la oportunidad de mostrarse ante sus amigos y seguidores como personas solidarias y comprometidas. El desafío se compartió millones de veces en redes sociales, y recaudó más de 115 millones de dólares para la investigación sobre la ELA.

Lección clave: Permite que tu audiencia se exprese a través de tu contenido.

Las campañas virales más efectivas permiten que las personas se sientan parte de algo más grande. Cuando una campaña les brinda la oportunidad de expresar su identidad o mostrar su apoyo a una causa, es mucho más probable que la compartan.

3. Contenido sorprendente o inusual

El cerebro humano está programado para prestar atención a lo inesperado o inusual. Los contenidos que rompen con las expectativas de las personas tienen una mayor probabilidad de captar su atención y, por lo tanto, de ser compartidos. Este principio se conoce como "disonancia cognitiva": cuando algo no encaja con lo que esperamos, nos sentimos impulsados a prestarle más atención para resolver esa discrepancia.

Estudio de caso: Campaña de Volvo Trucks – "The Epic Split"

Uno de los anuncios más sorprendentes y virales de la última década fue el comercial de **Volvo Trucks**, protagonizado por el actor **Jean-Claude Van Damme**. En el video, Van Damme realiza una "split" entre dos camiones en movimiento, lo que demuestra la estabilidad y precisión de los camiones Volvo.

El video fue sorprendente no solo por la hazaña física de Van Damme, sino también por lo inusual de ver a una estrella de acción realizando tal maniobra en un contexto de camiones. Esta combinación de lo inesperado y lo impresionante llevó al anuncio a acumular más de 100 millones de vistas en YouTube y generar miles de artículos y memes.

Lección clave: Sorprende a tu audiencia con algo inesperado.

El contenido que desafía las expectativas tiene una mayor probabilidad de volverse viral. Al incluir elementos inesperados o sorprendentes en tu campaña, puedes captar la atención de las personas y hacer que quieran compartir el contenido para sorprender a sus propios seguidores.

6.3. Las seis "monedas sociales" del contenido viral según Jonah Berger

En su libro *Contagious: How to Build Word of Mouth in the Digital Age*, **Jonah Berger** identifica seis factores clave que aumentan la probabilidad de que un contenido se vuelva viral. Berger llama a estos factores las "monedas sociales" del marketing viral, y cada uno de ellos se basa en fundamentos psicológicos del comportamiento humano. Vamos a explorar cómo puedes aprovechar estos principios para crear campañas que se difundan de manera orgánica:

1. Moneda Social

Las personas comparten contenido que las hace lucir bien ante los demás. Esto se refiere a la tendencia humana de compartir cosas que refuerzan su estatus o imagen social. Si el contenido puede hacer que la audiencia parezca más interesante, inteligente o divertida, será más probable que lo compartan.

Ejemplo: Exclusividad de Clubhouse

La aplicación de redes sociales **Clubhouse** se volvió extremadamente popular durante su lanzamiento, en parte porque era exclusiva: solo se podía acceder a ella mediante una invitación. Al limitar el acceso, Clubhouse aprovechó el principio de la moneda social, ya que aquellos que tenían una invitación podían presumir de pertenecer a un club exclusivo, lo que los hacía lucir bien ante los demás.

2. Desencadenantes

Los desencadenantes son señales del entorno que impulsan a las personas a pensar o hablar sobre una idea. Cuando algo está vinculado a un desencadenante común, es más probable que las personas lo recuerden y lo compartan. Cuanto más frecuente sea el desencadenante, más viral será la campaña.

Ejemplo: "KitKat y el café"

KitKat ha utilizado el eslogan *"Tómate un respiro, tómate un KitKat"* durante décadas. Al asociar su producto con la idea de tomar un descanso, KitKat se aseguró de que cada vez que alguien pensara en tomar un café o hacer una pausa, también pensara en la barra de chocolate.

3. Emoción

Como se mencionó anteriormente, el contenido que genera una respuesta emocional intensa tiene más probabilidades de ser compartido. La clave está en crear una campaña que toque el corazón o provoque una reacción emocional fuerte, ya sea asombro, humor, empatía o indignación.

Ejemplo: "Dumb Ways to Die"

La campaña **"Dumb Ways to Die"**, lanzada por la red de transporte público de Melbourne, es un ejemplo clásico de cómo el humor y la sorpresa pueden generar una fuerte respuesta emocional. La campaña, diseñada para promover la seguridad ferroviaria, mostraba personajes animados muriendo de manera absurda y cómica. El enfoque humorístico, combinado con un mensaje serio, hizo que el video se volviera viral y lograra millones de vistas.

4. Público

El principio del "público" se refiere a la visibilidad de un contenido. Cuanto más visible sea un comportamiento, más probable será que las personas lo imiten. En otras palabras, si un contenido es fácilmente compartible y visible para un gran número de personas, es más probable que se propague.

Ejemplo: Logotipos y camisetas de Apple

Apple ha hecho que su logotipo sea un símbolo de estatus. Las personas que compran productos de Apple, como iPhones o MacBooks, exhiben el logotipo de la marca de manera visible, lo que genera un efecto de "imitación" entre los consumidores que ven el producto y desean tenerlo también.

5. Valor práctico

El contenido que es útil o proporciona valor práctico es más probable que se comparta. Esto incluye contenido que enseña algo nuevo, ofrece consejos prácticos o proporciona información útil para la vida diaria de las personas.

Ejemplo: Videos de cocina de Tasty

Los videos de cocina rápida de **Tasty** han dominado las redes sociales debido a su valor práctico. Los videos, que muestran recetas fáciles y rápidas, son extremadamente compartidos porque proporcionan información útil que las personas pueden aplicar en su vida cotidiana.

6. Historias

Las personas no solo comparten información, sino que también comparten historias. Cuando una marca logra integrar su mensaje en una historia atractiva, es más probable que la gente recuerde y comparta ese contenido.

Ejemplo: Campaña de Airbnb – "We Accept"

Después de que el presidente de EE.UU. anunciara restricciones migratorias en 2017, **Airbnb** lanzó su campaña **"We Accept"**, que contaba historias de personas que habían encontrado refugio y hospitalidad a través de la plataforma. La narrativa no solo conectaba emocionalmente con la audiencia, sino que también presentaba a Airbnb como una marca inclusiva y comprometida con los derechos humanos.

6.4. Herramientas prácticas para crear contenido viral

Ahora que comprendemos los principios psicológicos detrás de la viralidad, es importante aplicar estos conceptos de manera estratégica al crear campañas de marketing. Aquí te presentamos algunas herramientas prácticas para diseñar y ejecutar campañas con potencial viral:

1. Elige el canal adecuado para la viralidad

No todos los canales son igualmente efectivos para la viralidad. Algunas plataformas, como **TikTok**, **Instagram** y **YouTube**, están diseñadas para la rápida difusión de contenido. Las marcas deben seleccionar las plataformas adecuadas en función de su público objetivo y el tipo de contenido que están creando.

2. Aprovecha las tendencias actuales

Estar al tanto de las tendencias actuales en redes sociales puede aumentar las posibilidades de que tu contenido se vuelva viral. Las marcas que son rápidas para reaccionar y aprovechar las tendencias (como desafíos virales, memes o temas de conversación) pueden aumentar la visibilidad de sus campañas.

Conclusión: La ciencia y el arte de la viralidad

Crear una campaña viral no es solo cuestión de suerte, sino de comprender y aplicar principios psicológicos fundamentales que impulsan el comportamiento humano. Las emociones, la identidad y la sorpresa son factores clave que motivan a las personas a compartir contenido, y cuando una marca logra aprovechar estos principios de manera efectiva, puede amplificar su mensaje y llegar a millones de personas.

El contenido viral tiene el poder de transformar una marca, generar conversación y, en última instancia, influir en el comportamiento del consumidor. Al combinar creatividad, estrategia y un profundo entendimiento de la psicología humana, las marcas pueden crear campañas que no solo capten la atención, sino que se conviertan en parte de la cultura popular.

Capítulo 7: Cómo Medir el Impacto de la Creatividad en los Resultados de Negocio

"La creatividad que no vende no es más que arte. El arte en los negocios es la creatividad que transforma ideas en resultados." — **David Ogilvy,** Publicista y pionero de la publicidad moderna.

En un entorno empresarial donde las métricas y los datos lo son todo, medir el impacto de la creatividad puede parecer una tarea difícil. Las ideas disruptivas, las campañas emotivas y los enfoques innovadores no siempre se traducen inmediatamente en cifras claras o resultados tangibles. Sin embargo, la creatividad es una de las fuerzas más poderosas en el mundo del marketing y la publicidad, y cuando se ejecuta correctamente, puede generar un impacto directo y medible en el crecimiento del negocio.

Medir la creatividad implica no solo observar las métricas tradicionales de marketing, sino también entender cómo la creatividad afecta el comportamiento del consumidor, la percepción de la marca y la conversión en ventas. En este capítulo, exploraremos las diferentes maneras en que las marcas pueden medir el impacto de sus campañas creativas, desde los KPIs más cuantificables, como el retorno sobre la inversión (ROI), hasta los indicadores más intangibles, como la fidelidad del cliente o la reputación de marca.

El objetivo es proporcionar una guía práctica para que puedas no solo desarrollar campañas creativas, sino también medir su efectividad y demostrar su valor en términos comerciales.

7.1. La importancia de medir la creatividad: Más allá del arte por el arte

La creatividad no puede ser vista como una función puramente artística dentro de una empresa. Aunque la creatividad es el alma de una campaña de marketing exitosa, también debe alinearse con los objetivos comerciales y demostrar su capacidad para generar resultados medibles. Las marcas invierten en creatividad no solo para ser reconocidas o apreciadas, sino para impulsar el crecimiento del negocio, aumentar las ventas, mejorar la lealtad del cliente y fortalecer el posicionamiento en el mercado.

> *"Si no puedes medirlo, no puedes mejorarlo."* — **Peter Drucker,** Autor y consultor de gestión empresarial.

El desafío radica en que, a diferencia de otros aspectos del marketing, la creatividad a menudo se percibe como algo subjetivo o difícil de cuantificar. Sin embargo, con las herramientas adecuadas y una estrategia de medición bien definida, es posible vincular las ideas creativas con resultados de negocio tangibles. La clave está en definir los KPIs correctos y asegurarse de que las métricas elegidas reflejen adecuadamente el impacto de la creatividad.

El desafío de medir la creatividad

Medir la creatividad puede parecer un concepto abstracto, especialmente cuando se compara con métricas más tradicionales como las impresiones, clics o tasas de conversión. Sin embargo, es posible evaluar el impacto de la creatividad si se desglosa el proceso creativo y se vincula con los objetivos comerciales. Algunas preguntas clave que las marcas deben hacerse al medir la creatividad incluyen:

- ¿Qué queremos que logre esta campaña creativa?

- ¿Cuáles son los comportamientos del consumidor que esperamos influir o cambiar?
- ¿Cómo medimos el impacto emocional o la resonancia de esta campaña en nuestra audiencia?

Responder a estas preguntas ayuda a definir las métricas que se utilizarán para evaluar la efectividad de la campaña. Es fundamental comprender que la creatividad no solo debe medirse en términos de ventas inmediatas, sino también en términos de construcción de marca a largo plazo, percepción del consumidor y engagement.

7.2. Principales métricas para medir el impacto de la creatividad

Existen diversas métricas que las marcas pueden utilizar para medir el impacto de las campañas creativas. A continuación, desglosamos algunas de las más importantes, divididas en métricas cuantitativas y cualitativas.

1. Métricas cuantitativas: Los números que cuentan

Las métricas cuantitativas son aquellas que proporcionan datos numéricos claros y objetivos, lo que facilita el análisis de la efectividad de una campaña. Estas métricas son esenciales para justificar la inversión en creatividad y demostrar su impacto en el crecimiento del negocio.

1.1. Retorno sobre la inversión (ROI)

El **Retorno sobre la Inversión (ROI)** es una de las métricas más importantes para evaluar el éxito de cualquier campaña de marketing, incluida una campaña creativa. El ROI mide el beneficio financiero obtenido en relación con el costo de la campaña. En términos simples, calcula cuánto dinero ganó la empresa en comparación con lo que gastó.

> *Fórmula básica del ROI*:
> ROI = (Ganancia obtenida - Inversión) / Inversión

Estudio de caso: Volkswagen y "The Fun Theory"

En 2009, **Volkswagen** lanzó la campaña **"The Fun Theory"**, cuyo objetivo era mostrar cómo hacer que las actividades cotidianas fueran más divertidas podría cambiar el comportamiento de las personas. Una de las activaciones más exitosas fue la **Piano Stairs**, en la que convirtieron una escalera ordinaria en un teclado de piano interactivo en una estación de metro en Estocolmo.

La campaña no solo aumentó el tráfico hacia la página web de Volkswagen, sino que también mejoró la percepción de la marca como innovadora y socialmente consciente.

El ROI de esta campaña fue significativo. Aunque la activación en la estación de metro tuvo un costo relativamente bajo, su impacto en redes sociales y en los medios de comunicación fue masivo. La campaña generó millones de vistas en YouTube y se convirtió en un fenómeno global que fue replicado en varias ciudades.

Lección clave: El ROI no siempre se mide solo en ventas inmediatas.

La creatividad puede generar un impacto duradero en la percepción de la marca, lo que puede traducirse en ventas a largo plazo. El valor de una campaña creativa radica no solo en los resultados financieros inmediatos, sino en su capacidad para generar reconocimiento y fidelidad de marca.

1.2. Tasa de conversión

La **tasa de conversión** es otra métrica clave que mide el porcentaje de personas que completan una acción deseada después de interactuar con una campaña creativa. Esto podría incluir realizar una compra, registrarse en un sitio web, descargar una aplicación o suscribirse a un boletín. Una alta tasa de conversión indica que la creatividad de la campaña fue efectiva para influir en el comportamiento del consumidor.

Fórmula básica de la tasa de conversión:
Tasa de conversión = (Número de conversiones / Número de visitantes) x 100

Estudio de caso: Campaña de Airbnb – "Live There"

En 2016, **Airbnb** lanzó su campaña **"Live There"**, que promovía la idea de que los viajeros deberían vivir como locales cuando se hospedan en un destino, en lugar de ser simples turistas. La campaña utilizó videos emotivos y una narrativa fuerte para conectar emocionalmente con la audiencia.

La tasa de conversión de esta campaña fue impresionante. Airbnb vio un aumento significativo en las reservas de usuarios primerizos, lo que mostró que la creatividad emocionalmente resonante de la campaña logró su objetivo de atraer nuevos clientes. Además, la campaña contribuyó al crecimiento sostenido de la marca en el mercado de viajes.

**Lección clave: Las conversiones son un indicador directo del impacto de la creatividad en el comportamiento del consumidor.

La creatividad en el marketing no solo debe captar la atención, sino también motivar a los consumidores a actuar. La tasa de conversión es una métrica clara que refleja cuán efectivamente la creatividad influenció las decisiones de los clientes.

1.3. Engagement en redes sociales

El **engagement** mide la interacción que los consumidores tienen con una campaña en redes sociales. Esto incluye métricas como el número de "me gusta", comentarios, compartidos y menciones en plataformas como Facebook, Instagram, Twitter y TikTok. El engagement es una métrica esencial para medir el impacto de campañas creativas en el entorno digital, ya que refleja cuán resonante y relevante es el contenido para la audiencia.

Estudio de caso: Campaña de Wendy's en Twitter

La cuenta de Twitter de **Wendy's** se ha vuelto legendaria por su enfoque creativo y humorístico en la interacción con los seguidores y en la forma en que responde a otras marcas. En 2017, Wendy's lanzó la campaña **"Nuggs for Carter"**, donde un usuario de Twitter preguntó cuántos retuits necesitaba para obtener nuggets gratis durante un año. La interacción, llena de respuestas humorísticas y comentarios ingeniosos, se volvió viral y acumuló más de 3 millones de retuits, estableciendo un récord mundial en ese momento.

Esta campaña generó un altísimo nivel de engagement, impulsando la visibilidad de Wendy's en redes sociales y aumentando significativamente el tráfico a su página web y aplicaciones.

Lección clave: El engagement en redes sociales es un indicador de relevancia y resonancia.

El éxito de la creatividad en las redes sociales se mide en términos de engagement, ya que refleja cómo los consumidores interactúan activamente con la campaña. Un alto nivel de engagement también indica que la campaña tiene el potencial de volverse viral.

---

2. Métricas cualitativas: La percepción del consumidor

Aunque las métricas cuantitativas proporcionan datos claros y tangibles, las métricas cualitativas son igualmente importantes para medir el impacto de la creatividad. Estas métricas se centran en cómo los consumidores perciben una marca y cómo la creatividad influye en esa percepción. A menudo, estas métricas se recopilan a través de encuestas, estudios de mercado y análisis de sentimientos.

2.1. Reconocimiento y recuerdo de marca

El **reconocimiento de marca** mide la capacidad de los consumidores para identificar una marca después de estar expuestos a una campaña creativa. El **recuerdo de marca**, por otro lado, mide la capacidad de los consumidores para recordar una campaña específica o el mensaje de una marca sin estar expuestos nuevamente a ella. Estas métricas cualitativas son fundamentales para evaluar la efectividad de la creatividad en términos de construcción de marca.

Estudio de caso: "Whassup?" de Budweiser

En 1999, Budweiser lanzó su icónica campaña **"Whassup?"**, que presentaba a un grupo de amigos saludándose con una frase cómica y memorable. La campaña no solo se convirtió en un fenómeno cultural, sino que también generó un fuerte reconocimiento de marca. Años después de que la campaña original se emitiera, las personas aún recordaban el eslogan y lo asociaban con Budweiser.

El alto nivel de recuerdo de esta campaña demostró cómo una idea creativa simple y divertida podía tener un impacto duradero en la percepción de la marca.

Lección clave: El recuerdo de marca es un indicador de la durabilidad del impacto creativo.

Una campaña creativa verdaderamente exitosa no solo genera ventas a corto plazo, sino que también deja una huella duradera en la mente de los consumidores. El reconocimiento y el recuerdo de marca son señales de que la creatividad ha tenido un impacto a largo plazo.

2.2. Lealtad del cliente

La **lealtad del cliente** mide cuán propensos están los consumidores a continuar eligiendo una marca después de estar expuestos a una campaña. La lealtad se construye a lo largo del tiempo y a menudo está influenciada por la capacidad de una marca para conectar emocionalmente con sus clientes a través de su creatividad.

Estudio de caso: Apple y el iPhone

Apple ha sido excepcionalmente eficaz para construir una base de clientes leales a través de campañas creativas que destacan el diseño, la innovación y la simplicidad de uso de sus productos. Las campañas publicitarias de Apple para el iPhone, como **"Shot on iPhone"**, han reforzado la lealtad de los clientes al destacar cómo el dispositivo es parte de la vida cotidiana de las personas. Como resultado, los usuarios de Apple son extremadamente leales a la marca y continúan eligiendo productos de Apple en futuras compras.

Lección clave: La creatividad puede cultivar la lealtad a largo plazo.

Las campañas creativas no solo deben centrarse en las ventas inmediatas, sino también en construir relaciones a largo plazo con los clientes. Una fuerte conexión emocional con la marca a menudo se traduce en lealtad duradera.

7.3. Herramientas para medir la creatividad

Hoy en día, existen diversas herramientas y plataformas tecnológicas que permiten a las marcas medir el impacto de sus campañas creativas de manera efectiva. A continuación, se presentan algunas de las herramientas más útiles:

1. Google Analytics

Google Analytics es una de las herramientas más poderosas para medir el impacto de campañas digitales. Ofrece información detallada sobre el tráfico web, la tasa de conversión, el comportamiento de los usuarios y las fuentes de tráfico. Las marcas pueden usar Google Analytics para medir el rendimiento de sus campañas creativas y analizar cómo los usuarios interactúan con el contenido.

2. Medición de redes sociales (Facebook Insights, Twitter Analytics, etc.)

Cada plataforma de redes sociales ofrece herramientas de análisis que permiten a las marcas medir el engagement, las impresiones y otras métricas clave de sus campañas creativas. **Facebook Insights**, **Instagram Insights** y **Twitter Analytics** proporcionan datos en tiempo real que permiten a las marcas ajustar sus estrategias sobre la marcha.

Conclusión: La creatividad como motor del crecimiento medible

Medir el impacto de la creatividad puede parecer un desafío, pero con las herramientas y las métricas adecuadas, es posible demostrar que las campañas creativas no solo son valiosas desde una perspectiva artística, sino también desde un punto de vista comercial. Al vincular la creatividad con KPIs claros como el ROI, la tasa de conversión y el engagement, las marcas pueden evaluar su éxito y continuar optimizando sus campañas para obtener resultados aún mejores.

La creatividad es el diferenciador que separa a las marcas que simplemente compiten de las que dominan. Cuando se mide de manera efectiva, la creatividad no solo impulsa el reconocimiento de la marca, sino que también genera ventas, construye lealtad y establece una conexión emocional duradera con los consumidores.

Capítulo 8: Innovación en el Marketing Creativo: Tecnologías que Están Transformando la Publicidad

"El futuro de la publicidad está en la intersección de la creatividad y la tecnología. Aquellos que dominen ambas estarán un paso adelante en la industria." — **Mark Pritchard,** Director de Marca Global en Procter & Gamble.

La publicidad siempre ha sido un campo donde la creatividad reina, pero en la era digital, la tecnología está transformando la manera en que las marcas cuentan historias y conectan con sus audiencias. Hoy en día, el marketing ya no se limita a mensajes unidireccionales ni a formatos tradicionales. Gracias a tecnologías como la inteligencia artificial (IA), la realidad aumentada (AR) y las plataformas de análisis de big data, la creatividad se está potenciando a niveles antes inimaginables.

La innovación en el marketing no solo permite a las marcas ser más disruptivas, sino también más precisas. Las campañas pueden personalizarse para cada individuo, adaptarse en tiempo real y generar experiencias interactivas que cautivan al público. En este capítulo, exploraremos las tecnologías clave que están transformando la industria publicitaria, cómo se están utilizando en las campañas creativas más exitosas, y lo que puedes hacer para aprovechar estas herramientas en tus propias estrategias.

8.1. La convergencia de la tecnología y la creatividad: Un nuevo paradigma publicitario

En la publicidad tradicional, las ideas creativas se limitaban por el formato y los medios disponibles. Un anuncio impreso podía ser visualmente impactante, pero no interactivo. Un comercial de televisión podía generar emociones, pero solo durante su emisión. En la era digital, estas limitaciones se han desvanecido, y las posibilidades para contar historias creativas se han ampliado exponencialmente gracias a la tecnología.

> "La tecnología es el pincel y el lienzo de la creatividad moderna." — **David Droga,** Fundador de Droga5.

Hoy en día, las marcas no solo están utilizando la tecnología para llegar a más personas, sino que también están cambiando la manera en que las audiencias interactúan con el contenido. La publicidad ha pasado de ser pasiva a interactiva, de masiva a personalizada, de estática a dinámica. La creatividad no es algo que simplemente se consume; es algo que se experimenta. Esto ha permitido a las marcas generar conexiones más profundas y significativas con sus audiencias.

8.2. Principales tecnologías que están revolucionando el marketing creativo

La tecnología está jugando un papel crucial en la transformación del marketing creativo. A continuación, exploramos las principales innovaciones tecnológicas que están permitiendo a las marcas ser más audaces, interactivas y eficaces en sus campañas.

1. Inteligencia Artificial (IA): La creatividad impulsada por datos

La **inteligencia artificial (IA)** está revolucionando la publicidad al permitir a las marcas crear experiencias más personalizadas y adaptativas. Gracias a la IA, las marcas pueden analizar grandes volúmenes de datos para comprender mejor a su audiencia y crear campañas que respondan a las necesidades individuales de cada consumidor.

Uso de la IA en la personalización de campañas

Uno de los mayores avances de la IA en marketing es su capacidad para personalizar la experiencia del cliente en tiempo real. Los algoritmos de IA pueden analizar los datos de comportamiento de los usuarios para ofrecer anuncios que se ajusten perfectamente a sus intereses y preferencias. Esto permite que las marcas entreguen el mensaje adecuado a la persona adecuada, en el momento preciso.

Estudio de caso: Campaña de Coca-Cola impulsada por IA

Coca-Cola ha implementado IA en varias de sus campañas para personalizar las interacciones con los consumidores. En una de sus campañas en China, Coca-Cola utilizó **machine learning** para analizar millones de conversaciones en redes sociales y adaptar sus mensajes publicitarios en tiempo real. La IA ayudó a identificar tendencias de consumo y permitió que la marca ajustara sus anuncios en función de las preferencias locales y temporales. Como resultado, la campaña tuvo un impacto significativo en términos de engagement y conversión.

Lección clave: La IA permite la hiperpersonalización en tiempo real.

La creatividad impulsada por IA no se trata solo de diseñar anuncios, sino de crear experiencias dinámicas y personalizadas que responden a las necesidades y comportamientos del consumidor en tiempo real.

2. Realidad Aumentada (AR) y Realidad Virtual (VR): Creando experiencias inmersivas

La **realidad aumentada (AR)** y la **realidad virtual (VR)** están revolucionando la manera en que las marcas interactúan con sus audiencias, permitiendo crear experiencias inmersivas que van más allá de los medios tradicionales. Con la AR y la VR, las marcas pueden ofrecer a los consumidores una manera completamente nueva de interactuar con sus productos y servicios.

Realidad aumentada (AR): Añadiendo una capa interactiva al mundo real

La realidad aumentada permite superponer elementos digitales sobre el entorno físico, lo que da lugar a experiencias interactivas y personalizadas. Una de las ventajas más notables de la AR es que no requiere de dispositivos especializados; los consumidores pueden acceder a las experiencias de AR a través de sus teléfonos móviles o tabletas, lo que hace que esta tecnología sea accesible y escalable.

Estudio de caso: Campaña de IKEA Place

IKEA utilizó la realidad aumentada para crear su aplicación **IKEA Place**, que permite a los usuarios visualizar cómo se verían los muebles de IKEA en sus propios hogares antes de comprarlos. Los usuarios pueden seleccionar muebles desde la aplicación y, usando la cámara de su teléfono, ver cómo encajan los productos en sus espacios reales. Esta experiencia inmersiva no solo simplifica el proceso de compra, sino que también ayuda a los consumidores a tomar decisiones informadas sobre los productos, aumentando las tasas de conversión.

Realidad virtual (VR): Transportando al consumidor a mundos completamente nuevos

Mientras que la AR añade elementos digitales al mundo real, la **realidad virtual (VR)** transporta al consumidor a un entorno completamente virtual. Aunque esta tecnología requiere dispositivos especializados como cascos de VR, ofrece una experiencia inmersiva incomparable. Las marcas han utilizado la VR para crear experiencias de entretenimiento, recorridos virtuales, e incluso pruebas de productos.

Estudio de caso: The North Face y la experiencia VR en tiendas

The North Face implementó la VR en algunas de sus tiendas físicas para ofrecer a los clientes la experiencia de escalar montañas o explorar terrenos remotos mientras probaban sus equipos. Al ofrecer una experiencia inmersiva de aventura a través de la realidad virtual, The North Face logró crear una conexión emocional con los clientes y mejorar la experiencia de compra en sus tiendas.

Lección clave: La AR y la VR crean conexiones emocionales a través de experiencias inmersivas.

Las experiencias que utilizan realidad aumentada y virtual no solo capturan la atención del consumidor, sino que también generan una interacción emocional más profunda con la marca, lo que puede traducirse en mayores tasas de conversión y lealtad del cliente.

---

3. Big Data: La creatividad impulsada por la analítica predictiva

El **big data** ha permitido a las marcas recopilar y analizar enormes volúmenes de información sobre los consumidores, lo que les permite personalizar y optimizar sus campañas de manera más eficiente. La analítica predictiva, alimentada por big data, permite a las empresas anticipar tendencias de consumo, comportamientos del cliente y los resultados de sus campañas antes de que se implementen.

Uso de big data en la segmentación de audiencia

El big data permite a las marcas segmentar su audiencia de manera mucho más precisa y detallada. A través del análisis de datos demográficos, comportamentales y de compra, las marcas pueden identificar patrones y desarrollar campañas específicas para cada segmento. Este nivel de segmentación no solo mejora la relevancia de la campaña, sino que también aumenta la efectividad y reduce el desperdicio publicitario.

Estudio de caso: Amazon y el uso del big data para la recomendación de productos

Amazon es uno de los ejemplos más destacados de cómo el big data puede impulsar la personalización creativa. Amazon utiliza el big data para analizar los comportamientos de compra de sus usuarios y recomendar productos basados en sus intereses y compras anteriores. Este enfoque de personalización ha sido clave para el éxito continuo de Amazon, mejorando tanto la experiencia del usuario como las tasas de conversión.

Lección clave: El big data permite personalizar la creatividad a escala.

Al aprovechar el big data y la analítica predictiva, las marcas pueden diseñar campañas creativas que sean altamente personalizadas para cada consumidor, lo que mejora la relevancia y la efectividad de la publicidad.

4. Chatbots y asistentes virtuales: Comunicación instantánea y personalizada

Los **chatbots** y los **asistentes virtuales** impulsados por IA han cambiado la manera en que las marcas interactúan con sus clientes. Estas herramientas permiten a las marcas ofrecer una atención al cliente personalizada y eficiente, al mismo tiempo que recopilan información valiosa sobre las preferencias del consumidor.

Uso de chatbots en la personalización de experiencias de cliente

Los chatbots permiten a las marcas interactuar con sus clientes de manera inmediata y personalizada. A través de plataformas como **Facebook Messenger**, **WhatsApp** y **WeChat**, los chatbots pueden responder preguntas, proporcionar recomendaciones de productos, e incluso procesar pedidos. Esto no solo mejora la experiencia del cliente, sino que también libera recursos para que las empresas se centren en otras áreas.

Estudio de caso: Sephora y su chatbot de recomendaciones

Sephora ha implementado chatbots en varias plataformas para proporcionar recomendaciones de productos personalizadas a sus clientes. A través de preguntas sobre preferencias de belleza y hábitos de consumo, el chatbot de Sephora puede sugerir productos específicos que se alinean con las necesidades individuales de cada cliente. Esta estrategia no solo mejora la experiencia de compra, sino que también aumenta la probabilidad de conversión.

Lección clave: Los chatbots mejoran la experiencia del cliente y la personalización.

Al utilizar chatbots, las marcas pueden ofrecer una atención al cliente inmediata y personalizada, lo que mejora tanto la satisfacción del cliente como la eficacia de las campañas creativas.

8.3. Innovación en el contenido: Nuevas formas de contar historias

El contenido es el corazón de cualquier campaña creativa, y las tecnologías emergentes están permitiendo que las marcas cuenten historias de maneras completamente nuevas. Desde la interactividad hasta el video en 360 grados, las marcas ahora tienen una variedad de herramientas para crear contenido más envolvente, atractivo y memorable.

1. Storytelling interactivo

El **storytelling interactivo** es una técnica que permite a los consumidores influir en la narrativa de una campaña. Las marcas pueden utilizar encuestas, formularios interactivos y elecciones en tiempo real para permitir que los consumidores participen activamente en la historia, lo que aumenta el engagement y la conexión emocional.

Estudio de caso: Netflix y el episodio interactivo "Bandersnatch"

Netflix revolucionó el contenido interactivo con su episodio especial de la serie **Black Mirror** titulado **"Bandersnatch"**, en el que los espectadores podían tomar decisiones que afectaban el curso de la historia. Esta experiencia interactiva no solo cautivó a los usuarios, sino que también generó una gran conversación en redes sociales, lo que impulsó la viralidad del contenido.

Lección clave: El storytelling interactivo crea una experiencia de usuario inmersiva.

Al permitir que los consumidores participen en la narrativa, las marcas pueden crear una conexión más fuerte con su audiencia y hacer que su contenido sea más memorable.

2. Video en 360 grados y contenido visual inmersivo

El **video en 360 grados** permite a las marcas ofrecer una experiencia visual inmersiva que transporta al espectador a un entorno completamente diferente. Este tipo de contenido se ha vuelto especialmente popular en campañas de turismo, automóviles y deportes, donde la inmersión es clave para generar una respuesta emocional.

Estudio de caso: GoPro y videos en 360 grados

GoPro, conocida por sus cámaras de acción, ha utilizado el video en 360 grados para mostrar experiencias extremas desde todos los ángulos. Desde saltos en paracaídas hasta carreras de motocross, los videos de GoPro ofrecen una experiencia inmersiva que permite a los espectadores sentir que están en el centro de la acción.

Lección clave: El contenido visual inmersivo genera un alto nivel de engagement.

Al ofrecer contenido inmersivo como video en 360 grados, las marcas pueden captar la atención de su audiencia de manera más efectiva y generar una mayor conexión emocional.

8.4. Cómo integrar la tecnología en tu estrategia creativa

El éxito de la integración de tecnología en campañas creativas no solo depende de las herramientas, sino de cómo se utilizan de manera estratégica. Aquí hay algunos pasos clave para asegurarte de que estás aprovechando al máximo la tecnología en tu estrategia creativa:

1. Define tus objetivos claros

Antes de implementar cualquier tecnología, es fundamental tener claro qué es lo que quieres lograr con tu campaña creativa. ¿Estás buscando aumentar el engagement, mejorar la experiencia del cliente o impulsar las ventas? Definir los objetivos desde el principio te ayudará a seleccionar la tecnología adecuada y a medir el éxito de la campaña.

2. Combina creatividad y datos

La tecnología no debe reemplazar la creatividad, sino complementarla. Utiliza los datos recopilados a través de herramientas como el big data y la IA para informar y guiar tu proceso creativo, asegurándote de que tus ideas se alineen con las necesidades y deseos de tu audiencia.

3. Prioriza la experiencia del usuario

Las herramientas tecnológicas pueden mejorar la experiencia del usuario, pero solo si se utilizan de manera intuitiva y eficiente. Asegúrate de que cualquier tecnología que implementes en tu campaña sea fácil de usar y mejore la experiencia general de tu audiencia, en lugar de complicarla.

Conclusión: El futuro de la creatividad es tecnológico

La convergencia entre creatividad y tecnología está transformando el marketing moderno. Desde la inteligencia artificial hasta la realidad aumentada, las marcas ahora tienen a su disposición un conjunto de herramientas que les permite contar historias de maneras más impactantes, personalizadas y dinámicas. Al integrar estas tecnologías en sus campañas creativas, las marcas pueden generar un impacto más profundo, crear experiencias más significativas y conectarse de manera más efectiva con sus audiencias.

El futuro de la publicidad creativa será moldeado por aquellos que logren dominar tanto el arte como la ciencia del marketing. Aquellos que sepan cómo aprovechar las tecnologías emergentes, sin perder de vista la importancia de las emociones humanas y la narración auténtica, estarán un paso adelante en la industria.

Capítulo 9: El Futuro de la Creatividad en la Publicidad: Tendencias y Proyecciones

"La creatividad será el principal diferenciador de las marcas en un mundo donde los datos son abundantes y el acceso a la información es ilimitado." — **Sir Martin Sorrell,** CEO de S4 Capital y ex CEO de WPP.

La publicidad creativa ha estado en constante evolución desde sus inicios, y en las últimas dos décadas, hemos sido testigos de una transformación impulsada por la tecnología y los cambios en los comportamientos de los consumidores. Las marcas están adoptando nuevas formas de contar historias, utilizando herramientas emergentes para interactuar con su público de maneras más personalizadas y disruptivas. En este entorno en constante cambio, es crucial mirar hacia adelante y prepararse para las tendencias que darán forma a la creatividad en el futuro de la publicidad.

Este capítulo se centrará en las principales tendencias y proyecciones para el futuro de la publicidad creativa. Desde la inteligencia artificial hasta la ética en la publicidad, exploraremos cómo las marcas deben adaptarse a un mundo donde la innovación tecnológica y la conciencia social son cada vez más importantes. También veremos cómo la creatividad seguirá siendo el elemento diferenciador en un mercado saturado de contenido, y cómo las marcas pueden aprovechar las oportunidades de crecimiento en esta nueva era.

9.1. Publicidad basada en la IA y la automatización creativa

La inteligencia artificial (IA) ha sido un motor de cambio en la publicidad en los últimos años, pero su impacto en la creatividad solo está comenzando a manifestarse. En el futuro, la IA desempeñará un papel aún más importante, no solo en la optimización de campañas, sino también en la creación de contenido publicitario personalizado.

1. La automatización creativa: IA como co-creadora

La **automatización creativa** permite a las marcas generar contenido personalizado a gran escala utilizando algoritmos de IA. Esto incluye anuncios adaptados para diferentes segmentos de audiencia, videos personalizados y experiencias publicitarias dinámicas que se ajustan en tiempo real a las preferencias del consumidor. En lugar de crear un solo anuncio para todos, la IA permite crear cientos o miles de variaciones, ajustadas para individuos específicos en función de su comportamiento, intereses y datos demográficos.

> *"La IA no reemplazará a los creativos, pero sí multiplicará su capacidad para generar ideas y adaptarlas a diferentes audiencias."* — **Marissa Mayer,** ex CEO de Yahoo.

Estudio de caso: Campaña de Lexus impulsada por IA

En 2018, **Lexus** utilizó IA para crear el primer anuncio escrito y dirigido completamente por una inteligencia artificial. La campaña analizó años de anuncios de automóviles exitosos y utilizó esa información para generar un guion que resonara emocionalmente con los espectadores. El resultado fue un anuncio titulado **"Driven by Intuition"**, que fue altamente elogiado por su originalidad y la forma en que utilizaba la IA para contar una historia.

2. Publicidad programática creativa

La **publicidad programática** ha evolucionado enormemente, y en el futuro, veremos cómo se convierte en un estándar de la industria, permitiendo una personalización extrema en tiempo real. Con la publicidad programática creativa, los anuncios se adaptan automáticamente según los datos del usuario, el contexto y el dispositivo que esté utilizando, generando mensajes altamente relevantes y personalizados.

Estudio de caso: The New York Times y la publicidad programática

The New York Times implementó publicidad programática para ofrecer anuncios personalizados a sus lectores en función del contenido que consumían y su comportamiento de lectura. Al usar análisis en tiempo real y aprendizaje automático, pudieron crear experiencias publicitarias personalizadas que aumentaron significativamente el engagement y las tasas de conversión.

Lección clave: La IA permitirá personalizar la creatividad a una escala nunca antes vista.

La personalización será el núcleo de la publicidad en el futuro, y la IA jugará un papel crucial en este aspecto. Las marcas que sepan aprovechar la IA no solo podrán crear contenido más relevante, sino también mejorar la experiencia del usuario y aumentar las tasas de conversión.

9.2. Publicidad inmersiva: Realidad aumentada (AR) y experiencias virtuales (VR)

La **realidad aumentada (AR)** y la **realidad virtual (VR)** están preparadas para revolucionar la manera en que las marcas interactúan con los consumidores. Estas tecnologías permiten crear experiencias inmersivas que no solo capturan la atención, sino que también generan una conexión emocional más profunda con el público.

1. AR: El futuro de la interacción con productos

La **realidad aumentada** se está convirtiendo rápidamente en una de las herramientas más poderosas en el marketing digital. Permite a los consumidores interactuar con productos de manera visual y experimentar cómo se verían o funcionarían en su vida real. En el futuro, veremos cómo más marcas adoptan AR para transformar la experiencia de compra.

Estudio de caso: Gucci y las zapatillas AR

Gucci lanzó una aplicación de realidad aumentada que permitía a los usuarios "probarse" virtualmente sus zapatillas mediante AR. Los consumidores podían seleccionar diferentes estilos y ver cómo lucirían las zapatillas en sus pies a través de la cámara de su teléfono. Este enfoque innovador no solo mejoró la experiencia de compra, sino que también generó un mayor engagement y viralidad en redes sociales.

2. VR: Contar historias inmersivas

La **realidad virtual (VR)** permite a las marcas crear experiencias inmersivas en las que los consumidores pueden sumergirse en el mundo de la marca. Esto es especialmente útil para marcas que desean contar historias profundas o mostrar productos en contextos únicos, como recorridos virtuales o eventos exclusivos.

Estudio de caso: Campaña de Marriott VR Postcards

Marriott Hotels lanzó una campaña de VR en la que los clientes podían participar en experiencias de "postales virtuales", donde eran transportados a destinos exóticos utilizando cascos de VR. Los usuarios podían experimentar lugares como Londres, Chile o Ruanda a través de videos de realidad virtual inmersiva, lo que les dio una muestra de lo que sería viajar a esos destinos y los inspiró a reservar viajes con Marriott.

Lección clave: AR y VR crearán conexiones más profundas y significativas con los consumidores.

El futuro de la creatividad publicitaria estará marcado por experiencias inmersivas que no solo capten la atención, sino que también permitan a los consumidores interactuar directamente con las marcas y sus productos de manera más emocional.

9.3. Publicidad ética y responsable: La creciente importancia de la transparencia

A medida que los consumidores se vuelven más conscientes y exigentes con respecto a la ética y las prácticas de las marcas, la publicidad del futuro deberá ser más transparente y responsable. La sostenibilidad, la diversidad, la inclusión y el respeto por la privacidad serán fundamentales en las estrategias creativas.

1. La sostenibilidad como pilar del marketing creativo

Cada vez más, los consumidores buscan marcas que demuestren un compromiso genuino con la sostenibilidad y la responsabilidad social. En el futuro, las marcas que integren estos valores en sus campañas creativas tendrán una ventaja competitiva, ya que los consumidores priorizarán productos y servicios que reflejen sus propios valores.

Estudio de caso: Patagonia y su campaña "Don't Buy This Jacket"

Patagonia, conocida por su enfoque ético y sostenible, lanzó una campaña publicitaria audaz titulada **"Don't Buy This Jacket"**. En lugar de alentar el consumo, Patagonia pidió a sus clientes que consideraran el impacto ambiental de sus compras y que reutilizaran o repararan sus productos en lugar de comprar nuevos. Esta campaña no solo atrajo la atención, sino que también fortaleció la imagen de Patagonia como una marca comprometida con el medio ambiente.

Lección clave: La sostenibilidad será una demanda clave para los consumidores del futuro.

Las marcas que integren prácticas sostenibles y responsables en su creatividad no solo captarán la atención, sino que también ganarán la confianza y lealtad de los consumidores.

2. La privacidad como prioridad

En un mundo donde los datos son abundantes, la privacidad del consumidor se ha convertido en una preocupación creciente. En el futuro, las marcas deberán ser más transparentes sobre cómo recopilan y utilizan los datos de los consumidores. La publicidad que respete la privacidad y sea clara sobre sus prácticas ganará la confianza del público.

Estudio de caso: Apple y su enfoque en la privacidad

Apple ha utilizado la privacidad del consumidor como un elemento clave en su estrategia creativa. Con campañas como **"Privacy. That's iPhone"**, Apple ha destacado la importancia de proteger los datos de sus usuarios, lo que le ha permitido diferenciarse de competidores como Google y Facebook, que enfrentan críticas por el manejo de datos.

Lección clave: La transparencia en el uso de datos será esencial para ganar la confianza de los consumidores.

Las marcas que prioricen la privacidad y la transparencia en sus campañas creativas serán recompensadas con la lealtad de los consumidores, que cada vez valoran más estas prácticas.

9.4. Publicidad sin fricciones: El auge de los dispositivos conectados y el Internet de las Cosas (IoT)

El **Internet de las Cosas (IoT)** está transformando la forma en que los consumidores interactúan con sus entornos y con las marcas. A medida que más dispositivos se conectan a internet, la publicidad podrá integrarse de manera más fluida y sin fricciones en la vida diaria de los consumidores.

1. La publicidad a través de asistentes de voz

Los **asistentes de voz** como **Alexa**, **Google Assistant** y **Siri** están cambiando la forma en que los consumidores buscan productos y servicios. En el futuro, las marcas deberán adaptar sus estrategias creativas para aprovechar el auge de la búsqueda por voz y la interacción con estos asistentes virtuales.

Estudio de caso: Burger King y su campaña para activar Google Home

Burger King lanzó una campaña creativa que activaba el dispositivo **Google Home** al reproducir un anuncio en la televisión. Al decir la frase "OK Google, ¿qué es la Whopper?", el anuncio activaba los dispositivos Google Home cercanos, lo que generó una respuesta del asistente con la descripción de la hamburguesa Whopper. Esta campaña aprovechó la tecnología de voz de manera innovadora, aunque también provocó algunas críticas por su intromisión en los hogares.

2. Dispositivos conectados y publicidad contextual

Con la proliferación de dispositivos conectados a internet, las marcas podrán ofrecer publicidad más contextual y relevante en función del entorno y las actividades del consumidor. Por ejemplo, los electrodomésticos inteligentes podrían recomendar productos o recetas, mientras que los automóviles conectados podrían sugerir estaciones de servicio o restaurantes cercanos.

Lección clave: La publicidad del futuro será omnipresente pero no intrusiva.

Con el auge de los dispositivos conectados, las marcas deberán encontrar maneras de integrar la publicidad de manera fluida en la vida de los consumidores, sin interrumpir sus actividades diarias.

9.5. Creatividad colectiva: Co-creación con los consumidores

En el futuro, veremos un auge en la **co-creación**, donde los consumidores participarán activamente en la creación de campañas y productos publicitarios. Las plataformas digitales permitirán a las marcas invitar a los consumidores a colaborar en el desarrollo de ideas, productos y mensajes.

1. El poder del contenido generado por el usuario (UGC)

El **contenido generado por el usuario (UGC)** ha demostrado ser una estrategia eficaz para conectar con los consumidores de manera auténtica. En el futuro, las marcas deberán aprovechar el UGC para crear campañas que resuenen más profundamente con su audiencia, al permitirles participar activamente en la creación de contenido.

Estudio de caso: GoPro y su comunidad creativa

GoPro ha construido una comunidad creativa en la que sus usuarios producen y comparten videos y fotos capturados con las cámaras de la marca. Este enfoque ha permitido que GoPro aproveche la creatividad de su audiencia y, al mismo tiempo, construya una relación más profunda y auténtica con sus consumidores.

Lección clave: La co-creación genera autenticidad y lealtad.

Las marcas que permitan a sus consumidores ser parte del proceso creativo no solo generarán campañas más auténticas, sino que también construirán relaciones más cercanas con su audiencia.

Conclusión: El futuro es creativo y colaborativo

A medida que la tecnología sigue evolucionando, el futuro de la publicidad creativa estará marcado por la personalización extrema, las experiencias inmersivas y la co-creación. Las marcas que sepan cómo aprovechar estas tendencias y combinar la creatividad con la innovación tecnológica estarán en una posición ideal para destacarse en un mercado cada vez más saturado.

Sin embargo, la creatividad por sí sola no será suficiente. Las marcas deberán ser éticas, transparentes y responsables en sus prácticas publicitarias para ganar la confianza y lealtad de los consumidores. El futuro de la creatividad en la publicidad será colaborativo, inmersivo y, sobre todo, centrado en el consumidor.

Capítulo 10: Cómo Desarrollar Equipos Creativos de Alto Rendimiento

"La creatividad es el poder de conectar lo aparentemente desconectado. Los equipos creativos más exitosos son aquellos que saben cómo unir sus talentos para generar algo que nadie había imaginado antes." — **Steve Jobs,** Cofundador de Apple.

La creatividad no es solo una cualidad individual; en el mundo de los negocios modernos, la creatividad florece dentro de equipos colaborativos. Los mejores equipos creativos no solo generan grandes ideas, sino que también las ejecutan con excelencia. Desarrollar un equipo creativo de alto rendimiento es una tarea compleja que requiere un enfoque equilibrado entre la inspiración, la estructura y el liderazgo.

Este capítulo está diseñado para brindarte las herramientas y estrategias necesarias para construir un equipo creativo que no solo se inspire mutuamente, sino que también logre resultados tangibles. Exploraremos cómo crear un entorno que favorezca la innovación, cómo identificar y desarrollar el talento creativo, y cómo liderar un equipo que impulse la creatividad colectiva.

10.1. Los elementos clave de un equipo creativo de alto rendimiento

Antes de profundizar en las estrategias específicas para desarrollar un equipo creativo, es importante entender los componentes fundamentales que hacen que un equipo sea altamente eficaz en términos de creatividad e innovación. A continuación, se presentan los tres pilares principales que deben estar presentes en cualquier equipo creativo exitoso:

1. Diversidad de pensamiento y habilidades

La creatividad a menudo surge en la intersección de diferentes perspectivas, experiencias y habilidades. Un equipo creativo de alto rendimiento no está compuesto únicamente de personas con talentos similares, sino de individuos con habilidades diversas que pueden complementarse entre sí. Esta diversidad no solo se refiere a la formación académica o profesional, sino también a la diversidad cultural, de género y de pensamiento.

> *"La innovación nace cuando personas con diferentes puntos de vista se enfrentan a un problema y colaboran para encontrar una solución."* — **Scott Page,** Autor de *The Difference*.

La diversidad de pensamiento fomenta la innovación, ya que las personas aportan ideas que otros miembros del equipo no habrían considerado. Además, un equipo con habilidades complementarias puede abordar los problemas desde múltiples ángulos y desarrollar soluciones más robustas.

Estudio de caso: Pixar y su cultura de colaboración interdisciplinaria

Pixar, el famoso estudio de animación, es conocido por su enfoque colaborativo en el desarrollo de sus películas. En Pixar, los equipos creativos incluyen no solo animadores y directores, sino también programadores, diseñadores, escritores y otros expertos de diversas disciplinas. Esta mezcla de talentos ha permitido que Pixar innove constantemente en el mundo de la animación, creando historias que no solo son visualmente impresionantes, sino también emocionalmente resonantes.

2. Un entorno que fomente la libertad creativa

Los equipos creativos de alto rendimiento necesitan un entorno donde puedan experimentar, tomar riesgos y, lo más importante, cometer errores sin temor a represalias. La libertad creativa es esencial para que las ideas más disruptivas surjan. Los líderes de estos equipos deben permitir que sus miembros exploren nuevas ideas, aunque algunas de ellas no den resultados inmediatos.

> *"Si quieres que tu equipo sea creativo, necesitas crear un espacio donde puedan fallar rápidamente y aprender de esos fracasos."* — **Ed Catmull,** Cofundador de Pixar.

Un entorno de apoyo y confianza permite que los miembros del equipo prueben cosas nuevas, sabiendo que el fracaso es una parte natural del proceso creativo. De hecho, muchas de las mejores ideas surgen después de una serie de intentos fallidos. Lo crucial es aprender de esos errores y utilizar las lecciones para avanzar.

Estudio de caso: Google y la política de "20% de tiempo"

Google es famoso por su política de permitir que sus empleados dediquen el 20% de su tiempo a proyectos que no están directamente relacionados con sus responsabilidades laborales. Este enfoque ha permitido que los empleados de Google exploren ideas innovadoras que eventualmente se han convertido en productos exitosos, como Gmail y Google Maps. Al dar a los empleados la libertad de explorar sus propias ideas, Google ha creado un entorno que fomenta la experimentación y la innovación.

3. Un liderazgo que inspire y guíe, no que controle

El liderazgo es uno de los factores más importantes en la construcción de un equipo creativo de alto rendimiento. Un buen líder debe ser capaz de inspirar a su equipo, proporcionar dirección cuando sea necesario, pero también saber cuándo dar un paso atrás y permitir que los miembros del equipo asuman la responsabilidad creativa. En lugar de controlar cada aspecto del proceso, los líderes deben actuar como facilitadores, eliminando obstáculos y proporcionando los recursos necesarios para que el equipo prospere.

> *"Un líder no es el que tiene todas las ideas, sino el que sabe cómo sacar lo mejor de los que las tienen."* — **Phil Knight,** Cofundador de Nike.

Estudio de caso: Elon Musk y la cultura innovadora en Tesla

Elon Musk es conocido por su enfoque de liderazgo en **Tesla**, donde fomenta la innovación constante entre sus ingenieros y diseñadores. Aunque Musk tiene una visión clara de lo que quiere lograr, también da a sus equipos la libertad de explorar diferentes enfoques para alcanzar esos objetivos. Al equilibrar la visión estratégica con la libertad creativa, Musk ha creado una cultura de innovación continua en Tesla, lo que ha permitido a la compañía liderar el mercado de vehículos eléctricos y energías renovables.

10.2. Estructuras organizacionales que fomentan la creatividad

No solo se trata de las personas que forman un equipo, sino también de cómo están organizados. La estructura organizativa de un equipo creativo puede tener un impacto significativo en su capacidad para generar ideas innovadoras y ejecutarlas de manera eficiente.

1. Equipos multifuncionales y colaborativos

Una de las mejores maneras de fomentar la creatividad es formar equipos multifuncionales que incluyan personas de diferentes departamentos o disciplinas. Estos equipos permiten que las ideas se crucen entre disciplinas, lo que genera un flujo constante de innovación. En lugar de que el equipo creativo trabaje de manera aislada, estos equipos colaboran con otras áreas de la empresa, como marketing, ventas, tecnología y operaciones.

Estudio de caso: Spotify y su estructura de escuadrones

Spotify es un ejemplo de una organización que ha implementado con éxito una estructura de equipos multifuncionales. La empresa utiliza un modelo conocido como "escuadrones", donde cada equipo está compuesto por personas de diferentes disciplinas (diseñadores, desarrolladores, expertos en marketing, etc.) que trabajan juntos en un proyecto específico. Este enfoque ha permitido a Spotify innovar rápidamente y lanzar nuevas características y productos de manera constante.

2. Jerarquía plana y cultura de retroalimentación

Las estructuras jerárquicas tradicionales a menudo pueden sofocar la creatividad, ya que las ideas deben pasar por múltiples capas de aprobación antes de implementarse. En un equipo creativo de alto rendimiento, una jerarquía más plana permite que las ideas fluyan más libremente. Además, una cultura de retroalimentación continua, donde los miembros del equipo se sienten cómodos compartiendo ideas y críticas constructivas, es esencial para que las mejores ideas emerjan.

Estudio de caso: Valve y su enfoque sin jerarquías

Valve, la compañía de videojuegos detrás de éxitos como *Half-Life* y *Portal*, es conocida por su enfoque único de gestión. En Valve, no hay jerarquía formal ni títulos de trabajo, lo que significa que los empleados tienen la libertad de trabajar en los proyectos que les interesan. Este enfoque sin jerarquías fomenta la creatividad, ya que los empleados pueden experimentar con diferentes ideas y colaborar sin restricciones burocráticas.

10.3. Estrategias para fomentar la creatividad dentro del equipo

Desarrollar un equipo creativo de alto rendimiento requiere más que solo contratar a las personas adecuadas. También implica implementar estrategias y prácticas que ayuden a los miembros del equipo a generar nuevas ideas, colaborar eficazmente y ejecutar sus ideas con éxito.

1. Sesiones regulares de brainstorming con enfoque abierto

El **brainstorming** es una de las herramientas más efectivas para generar nuevas ideas, pero debe realizarse de manera estratégica. En lugar de imponer restricciones inmediatas, las sesiones de brainstorming deben fomentar un enfoque abierto, donde cualquier idea sea válida y no se descarte ninguna propuesta durante las primeras etapas. Esta libertad permite que las ideas más innovadoras, que a menudo pueden parecer extrañas o poco convencionales, tengan la oportunidad de ser exploradas.

> *"Las mejores ideas no nacen de un plan perfectamente estructurado, sino de la libertad para pensar fuera de los límites convencionales."* — **John Hegarty,** Cofundador de BBH (Bartle Bogle Hegarty).

Ejercicio práctico: Brainstorming invertido

Una técnica útil para las sesiones de brainstorming es el **brainstorming invertido,** donde en lugar de buscar soluciones de inmediato, el equipo se enfoca primero en identificar todos los posibles problemas y obstáculos. Esto puede ayudar a desglosar el desafío desde diferentes perspectivas y generar ideas más profundas y creativas.

2. Fomentar el aprendizaje continuo

La creatividad a menudo surge cuando las personas están expuestas a nuevas ideas y conocimientos. Fomentar una cultura de aprendizaje continuo dentro del equipo creativo es clave para mantener la innovación. Esto puede incluir talleres, cursos de formación, asistencia a conferencias o incluso la rotación de roles dentro del equipo para que los miembros experimenten diferentes aspectos del proceso creativo.

Estudio de caso: 3M y su cultura de innovación

3M, la empresa detrás de productos como los **Post-it Notes**, es famosa por su enfoque en la innovación y el aprendizaje continuo. La compañía alienta a sus empleados a dedicar el 15% de su tiempo a trabajar en proyectos de su elección, lo que les permite explorar nuevas ideas y soluciones fuera de sus responsabilidades laborales inmediatas. Este enfoque ha permitido a 3M seguir siendo una de las empresas más innovadoras del mundo, con una tasa constante de nuevos productos en el mercado.

3. Recompensar la creatividad y la innovación

Para que un equipo creativo prospere, es importante que las ideas innovadoras sean recompensadas, ya sea a través de reconocimiento público, incentivos financieros o simplemente el orgullo de ver una idea cobrar vida. Las recompensas no solo motivan a los miembros del equipo, sino que también crean una cultura donde la creatividad es valorada y celebrada.

Estudio de caso: Amazon y su premio "Just Do It"

En **Amazon**, uno de los premios más codiciados es el **"Just Do It Award"**, que se otorga a los empleados que llevan a cabo ideas innovadoras que desafían el status quo de la empresa. Este premio, que a menudo incluye un par de zapatos Nike personalizados como símbolo de la mentalidad de "solo hazlo", es una forma de reconocer a aquellos empleados que se atreven a probar nuevas ideas y asumir riesgos.

10.4. Cómo liderar un equipo creativo en tiempos de cambio

El mundo de los negocios está en constante cambio, y los equipos creativos no son inmunes a los desafíos que esto conlleva. Los líderes de equipos creativos deben ser capaces de adaptarse rápidamente a nuevas tendencias, tecnologías y desafíos del mercado, mientras mantienen un entorno que fomente la creatividad.

1. Liderar con una visión clara pero flexible

Un buen líder creativo debe proporcionar una visión clara que guíe al equipo, pero también debe ser lo suficientemente flexible como para permitir que el equipo explore diferentes enfoques para alcanzar esa visión. Esta combinación de dirección estratégica y flexibilidad táctica es clave para mantener al equipo alineado, mientras se les da la libertad para ser creativos.

> *"La flexibilidad es la clave de la estabilidad creativa. Un líder debe proporcionar la visión, pero dejar espacio para que el equipo encuentre su propio camino."* — **Reed Hastings,** CEO de Netflix.

2. Gestionar el cambio sin sofocar la creatividad

Los cambios, ya sean tecnológicos, de mercado o internos, pueden generar incertidumbre en los equipos creativos. Es tarea del líder gestionar estos cambios de manera que no sofocan la creatividad, sino que la inspiran. Los mejores líderes son aquellos que pueden convertir los desafíos en oportunidades para que su equipo explore nuevas ideas y soluciones.

Estudio de caso: Microsoft y su transformación cultural bajo Satya Nadella

Cuando **Satya Nadella** asumió el liderazgo de **Microsoft**, la empresa estaba perdiendo terreno frente a sus competidores. Nadella implementó un cambio cultural que puso la innovación en el centro de la estrategia de la empresa, alentando a los equipos creativos a experimentar y asumir riesgos. Este enfoque ha permitido a Microsoft recuperar su posición como líder en la industria tecnológica, impulsada por un nuevo espíritu de creatividad e innovación.

Conclusión: El equipo creativo como motor de innovación

Los equipos creativos de alto rendimiento son el corazón de la innovación en cualquier empresa. Construir y liderar estos equipos no es tarea fácil, pero los beneficios de contar con un grupo de personas talentosas y diversas, que trabajan en un entorno de confianza y libertad, pueden ser enormes. Un equipo creativo bien dirigido no solo generará ideas brillantes, sino que también transformará esas ideas en realidades que impulsen el crecimiento y el éxito de la empresa.

El futuro de la creatividad en la publicidad y en los negocios depende de nuestra capacidad para cultivar y liderar equipos que no solo piensen de manera diferente, sino que también ejecuten sus ideas con precisión y excelencia. Al implementar las estrategias discutidas en este capítulo, puedes asegurarte de que tu equipo no solo sea creativo, sino también altamente efectivo.

Conclusión: Rompiendo Moldes, Creando Futuro

"El futuro pertenece a aquellos que creen en la belleza de sus sueños." — **Eleanor Roosevelt**

Nos acercamos al final de este viaje, pero en realidad, este es solo el principio. La creatividad no tiene un final definido, ni está limitada por fronteras. Es un mar en constante movimiento, una tormenta de ideas que nunca se detiene, que constantemente empuja los límites de lo que creemos posible. En este libro, has explorado cómo la creatividad y la innovación pueden transformar la publicidad y el marketing, pero lo más importante es lo que harás con todo este conocimiento a partir de ahora.

Has conocido la estructura de los equipos creativos, el impacto de la tecnología y cómo medir la efectividad de tus ideas. Has aprendido de los grandes casos de éxito y vislumbrado las tendencias que ya están dando forma al futuro. Pero el verdadero poder no está en lo que has leído, sino en lo que tú mismo puedas crear a partir de ahora. Porque en el fondo, la creatividad no es algo que se enseña; es algo que se libera. Y ahora es tu turno de liberarla.

---

1. La creatividad no tiene reglas: La paradoja de lo inesperado

En publicidad, siempre hay un consejo que te darán una y otra vez: sigue las reglas, respeta los límites, analiza los datos. Pero, ¿qué pasaría si rompieras esas reglas? ¿Qué pasaría si, en lugar de seguir el camino trazado, decides crear el tuyo propio?

Las campañas más icónicas de la historia no se hicieron siguiendo el manual. Fueron el resultado de mentes que vieron más allá de lo evidente, que entendieron que la creatividad auténtica ocurre cuando no temes lo inesperado, lo caótico, lo arriesgado. Las reglas están hechas para ser entendidas, pero también están hechas para ser desafiadas.

Recuerda que las ideas que realmente cambian el mundo son aquellas que no encajan en los moldes preexistentes. Se rompen, se rehacen, evolucionan y transforman industrias enteras. En un entorno de competencia creciente, ser diferente no es solo una opción, es la única opción.

Ejemplo disruptivo: La campaña de "Fearless Girl" de State Street Global Advisors

¿Una pequeña estatua pudo transformar el mundo de la publicidad? ¡Sí! **"Fearless Girl"** no fue solo una estatua frente al famoso Toro de Wall Street, fue una declaración de valentía y empoderamiento femenino en una industria dominada por el capital masculino. Una idea simple, pero poderosa, que desafió las expectativas y se convirtió en un símbolo global de igualdad.

> *"Nunca subestimes el poder de una idea pequeña que sea lo suficientemente audaz como para resonar en millones de personas."*

---

2. El caos es tu mejor amigo: Abrazar lo incierto

La creatividad no es un proceso lineal. A veces es desordenada, caótica, inesperada y frustrante. Pero ese caos es la base de la innovación. Si intentas controlarlo demasiado, si tratas de estructurarlo en exceso, matas su esencia. Los equipos creativos de alto rendimiento, como vimos anteriormente, florecen en entornos que no temen al caos.

La próxima vez que sientas que las cosas están fuera de control, recuérdate a ti mismo que eso está bien. Las mejores ideas no vienen de una planificación perfecta, sino de la flexibilidad, de adaptarse, de cambiar de rumbo a mitad de camino. Los procesos creativos son iterativos, evolucionan con el tiempo y las circunstancias.

Lección práctica: Disruptir para innovar

Organiza un "Día del Caos" en tu equipo. Durante un día al mes, las reglas tradicionales del proceso creativo se eliminan. No hay jerarquías, no hay presupuestos limitantes, no hay "esto no se puede hacer". Deja que el caos florezca, deja que las ideas fluyan sin restricciones. Te sorprenderá lo que tu equipo puede producir cuando no está limitado por las normas habituales.

> *"El caos es solo una oportunidad disfrazada."*

---

3. Desaprender para aprender: La mentalidad de siempre empezar de cero

Uno de los mayores desafíos para cualquier creador es el peso del conocimiento acumulado. Nos enseñan a hacer las cosas de una cierta manera, nos damos cuenta de lo que funciona y lo que no, y empezamos a operar dentro de esos límites. Pero a veces, para ser verdaderamente disruptivos, necesitamos desaprender. Necesitamos deshacernos de nuestras suposiciones y volver a lo básico.

La creatividad verdadera requiere una mentalidad de principiante, un enfoque fresco y una curiosidad insaciable. No importa cuántas veces hayas hecho algo, siempre debes estar dispuesto a preguntarte: "¿Qué pasaría si lo hiciera de manera completamente diferente?"

Caso disruptivo: El giro de Nike hacia la inclusión

Cuando **Nike** decidió cambiar el enfoque de sus campañas hacia la inclusión y la diversidad con campañas como **"Dream Crazy"** con Colin Kaepernick, no solo tomaron un riesgo audaz, sino que también desafiaron la noción de lo que una marca de deportes debería representar. Nike decidió no centrarse únicamente en el rendimiento, sino en los valores, los sueños y las luchas que representan sus consumidores. Fue un movimiento audaz, controvertido, pero increíblemente efectivo.

> *"Para construir el futuro, a veces tienes que romper con todo lo que creías saber del pasado."*

---

4. La creatividad colectiva: Todos somos artistas en este lienzo global

La era de la creatividad individual ha terminado. Hoy, más que nunca, vivimos en una era de **creatividad colectiva**, donde cada uno de nosotros tiene un papel que desempeñar. Las ideas más poderosas son aquellas que invitan a otros a unirse, a colaborar, a ser parte del proceso. Las marcas del futuro no solo contarán historias, crearán movimientos, invitarán a sus consumidores a ser co-creadores, a tomar posesión de la narrativa.

El internet y las redes sociales han democratizado la creatividad. Ya no se trata de que una sola persona tenga la "gran idea", sino de cómo miles, millones, pueden tomar esa chispa inicial y convertirla en una llama imparable. La publicidad del futuro no solo será interactiva, será colaborativa.

Ejercicio disruptivo: Crear un espacio de co-creación

Invita a tus clientes, a tu audiencia, a tu comunidad, a ser parte de tu próxima campaña. No te limites a lo que piensas que funcionará. Abre el proceso, permite que sus ideas, sus experiencias, sus vidas se entrelacen con la visión que tienes para tu marca. El futuro de la creatividad no es algo que poseas, es algo que compartes.

> "La creatividad no es posesión. Es un regalo que se da, se comparte y se multiplica."

---

5. El verdadero riesgo es no arriesgarse

Hemos hablado de la importancia de la innovación, la tecnología, los equipos creativos y las tendencias futuras, pero hay algo que debes recordar por encima de todo: **El mayor riesgo en la creatividad es no arriesgarse en absoluto.**

Las ideas seguras, las que siguen el libro de reglas, las que buscan complacer a todos, son las que se olvidan rápidamente. En cambio, las ideas que dividen, que sorprenden, que desafían las expectativas, son las que perduran. Cada vez que te enfrentes a una decisión creativa, pregúntate: ¿Esto arriesga algo? Si la respuesta es no, entonces probablemente sea el momento de replantear esa idea.

Lección final: Haz que duela un poco

El riesgo, el verdadero riesgo, implica cierta incomodidad. Implica avanzar sin saber con certeza cómo serán los resultados. Pero ese es el precio de la grandeza. Los creativos que transforman industrias, las marcas que redefinen mercados, lo hacen porque han aprendido a estar cómodos en la incertidumbre. Es en esos momentos donde las mejores ideas cobran vida.

> "No juegues para no perder. Juega para ganar."

---

6. Tu lienzo está en blanco: ¿Qué vas a crear?

Aquí estamos. Al final de esta historia, pero justo al comienzo de la tuya. Todo lo que necesitas está dentro de ti. Las herramientas, las ideas, la inspiración. No necesitas más teoría. Lo que necesitas ahora es actuar. Haz ese proyecto que has estado postergando, forma ese equipo que siempre has querido liderar, o simplemente lanza esa campaña loca que crees que nadie entenderá. Porque las mejores ideas, las que cambian todo, siempre parecen imposibles hasta que alguien se atreve a ejecutarlas.

Así que este es el último consejo que te daré en este libro: **Sal ahí fuera y crea algo increíble**.

> *"Tu lienzo está en blanco. ¿Qué historia vas a contar? ¿Qué mundo vas a cambiar?"*

El mundo está esperando tu próxima gran idea. El futuro pertenece a los audaces, a los creativos, a los disruptores. Es tu momento.

www.ingramcontent.com/pod-product-compliance
Lightning Source LLC
Chambersburg PA
CBHW052207220526
45471CB00004B/1858